こっそり
ごっそり
まちを
かえよう。

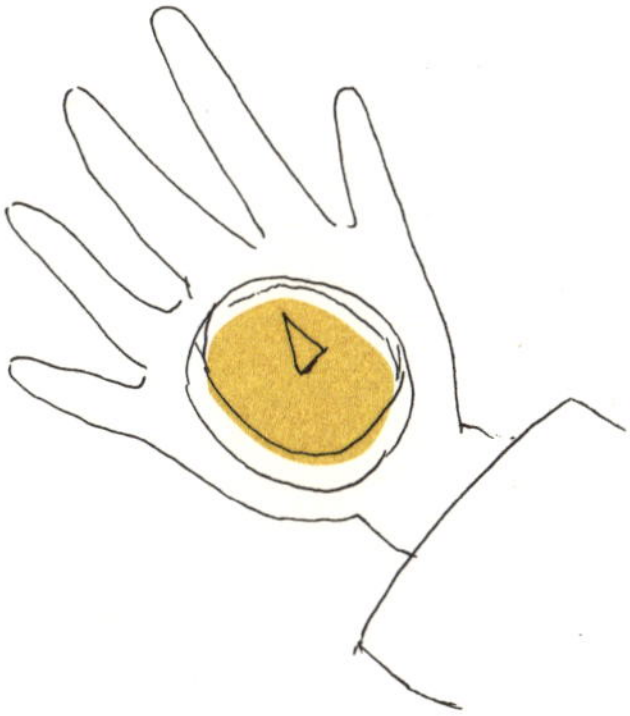

文　三浦文典
絵　斉藤弥世

彰国社

ブックデザイン　有山達也
岩渕恵子

まえがき

ちいさな作戦を立てるまえに

三浦文典

先日、とある公共施設の方から相談を受けました。

車いす使用の職員を春からひとり採用することになったので、入口に生えている大きなけやきの木を切ってスロープをつけるのだけど、そのデザインを考えてほしい、とのことでした。

バリアフリーという考えは正しいと思うし、人生のさまざまな局面において、なるべく多くのチャンスや機会にめぐり合うことは素晴らしいと思う。けれども、たぶんぼくより年上のこの木を、まるで家具を動かすようにあっさり切ってしまっていいのか、瞬間的にためらいを感じました。シンボルのような木ではないし、すぐそばに同じような木も生えています。そこに生えていることで邪魔だとか掃除が面倒だとか、短所は指摘できたとしても、じゃあなにか長所があるのか、と聞かれてもうまく答えられない。でも漠然と切ってはいけないと思ってしまう。

そういった言葉にならない直感、ときに公平とは思えない本能のようなものは、論理的でも客観的でもないので、たとえば会議とか規則とか、そういった議論ではまちがいなく負けてしまいます。そしていま、ぼくたちの住むまちというのは、基本的にそういう考え方でつくられています。いつのまにか人間は置き去りにされて、そこで生活する人のためではない、なにか別の理由によって世界はどんどん塗り込められているように思うのです。人間よりも施設が先にあって、気配りというのはその形式さえあればいい、あとでなにか言われても説明がつく、という思考回路になってしまった。じぶんの内なる声、動物的勘

に鈍感であることのほうが、むしろ効率や要領がいい、と評価されるのです。

じぶんのまわりの環境を、近視眼的な発想と刹那的な方法で、力まかせにコントロールするのではなく、創意工夫によって人間が合わせていくことのほうが、これからの未来はいきいきしたものになると確信しています。多少アバウトでもいいから、人間のわがままやあいまいさをさりげなく許容していくような、そういったまちのほうが、どんなに官能的で刺激的でしょう。スロープをつける前提で検討するのではなくて、離れた場所で上手に仕事を進める方法とか、毎日だれかが押し上げてあげるような人間関係をつくるとか、あるいは道路にはみ出して、ほかの人もたのしく通れる坂道をつくるとか、そういったことにチャレンジしていくほうが、よっぽど人間らしいと思うのです。

この世界の規範をもう一度つくりなおすのは、むずかしいことのように思うかもしれません。でもこどものころを思い出せば、ぼくたちはいつも新しいあそびを始めるたびに、その都度新しいルールをつくって、果てしない世界と対峙してきました。そのときの向こう見ずな自由奔放さを取り戻せば、まだ見ぬ世界への入口は思いのほか近くにあることに気づき、勇気がでるはずです。

未来のまちをつくるのは、政治家とか投資家とか建築家ではなく、ごくあたりまえの感覚をもった、口下手で引っ込みじあんの、多くの普通のひとびとの念ずる力、そして日常の些細な行動だと思うのです。

もくじ

じぶんのいえに
あだ名をつけよう。

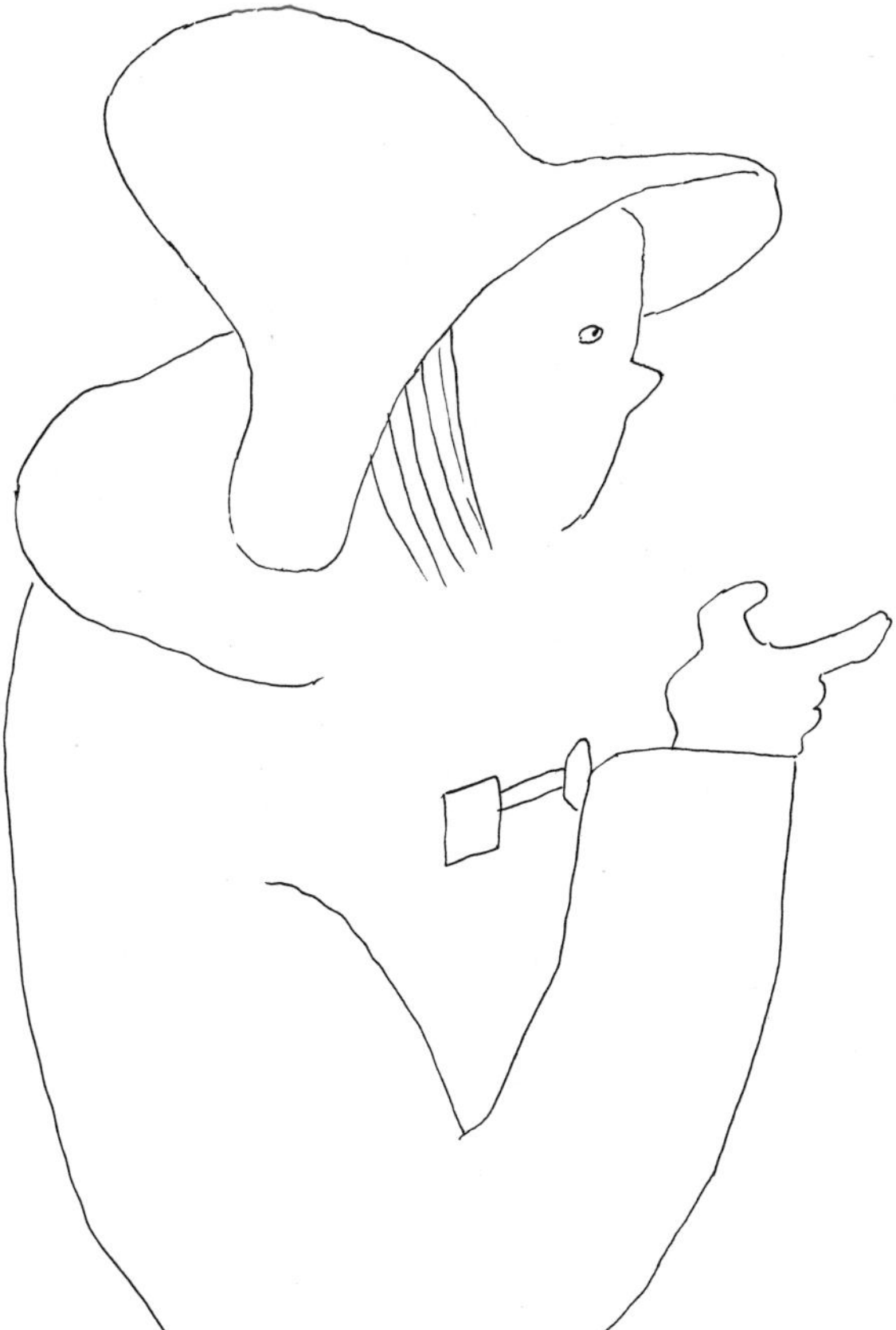

よく考えると、いえっておなじものなんてひとつもないのに、固有の呼び名がない。呼ぶ必要なんてないからいらないよ、という言い分ももちろんあると思うけど、「うち」と言ったとたんに、それぞれがもつ特技や特徴がぜんぶ置き去りにされて、一軒家だろうとマンションだろうと、実家だろうとひとりぐらしだろうと、そんなことは関係なくなってしまうのは、なんとなく乱暴というか、ひとつひとつの尊厳とアイデンティティをもうすこし尊重してもいいような気が。

そういえば、不動産広告でもらえる物件の情報は基本的にふたつしかなくて、「○○駅徒歩○分」ということと、「○ＬＤＫ」だけだよね。つまり、いえの価値はほとんどこのふたつで判断されるということ。言いかえると、それ以外の個性はあまり重要でないということで、それって試験の点数だけで人の価値を決めちゃうみたいで、おかしいと思うのです。経済至上主義のこの時代、がんばってもしょうがないところはコストがどんどん削られていくから、その結果味気ないたてものと、それによってできる平板なまち並みが増えていって、結果的にまち自体の価値は下がり、生活の舞台から活気がなくなって、そうなるとたてものの価値も、もちろん下がっていくのです。ああ、おそる

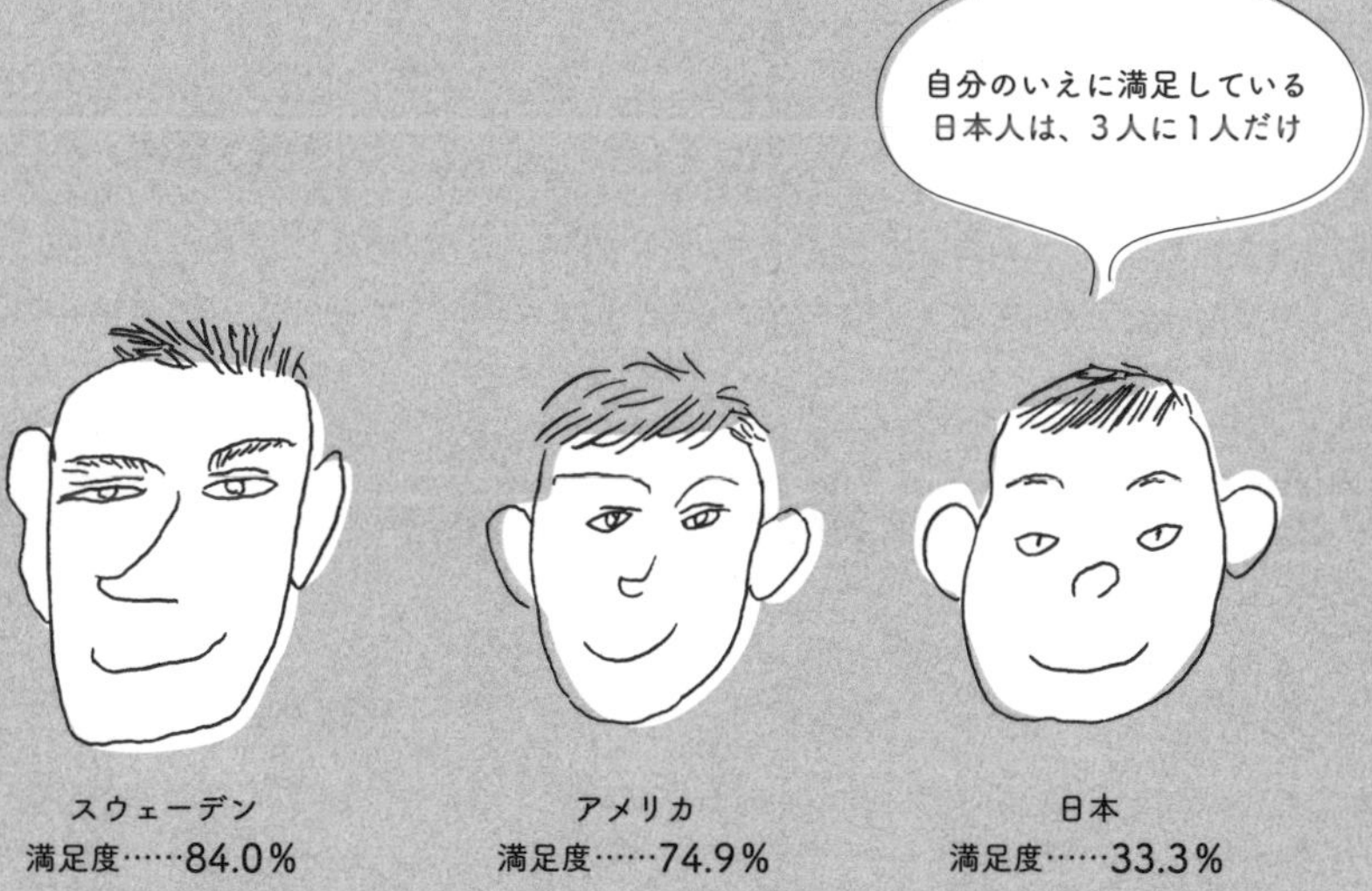

『住宅の満足度の国際比較(2010年)』

べし、負のスパイラル。
そういったことになんとか歯止めをかけねば！　といきり立ってみ

てもつまるところ、人びとみんなが、いえというものの価値を自由にとらえ、ひとりひとりが、自分なりの尺度で、よいものをきちんとよいと認め、だめなものはちゃんとだめと言えるおとなな文化をつくっていくしかない。たぶんこれにつきるよ。

まずは手始めに、いま、じぶんが住んでいるこのいえに、ぴったりのあだ名を考えてみたらどうだろう。あだ名というのは「あれ」とか「そこ」という指示語でもないし、本名ともちがう。それぞれの特徴をうつす社会的な表象なのです。あだ名をつけるというのは観察力や洞察力を要する、創造的な行いだから、よおく観察して、ほかのいえにはない魅力はなにか、いいところやわるいところはどこか考えてみよう。いえのまわりにある特徴や、思い出深いエピソードがあったかもしれない。このたてものは人にたとえるとどんな感じなのか？　男女どっちなんだろう？　犬にたとえたらどんな種類なんだろう？　なにを食べて生きているんだろう？　なんでもいいです。

そうやって身のまわりの環境を、いま一度たのしく注意深く、ときに熱くときに冷静に、愛情をもって観察することが、じつはいいいいえ、いいまちをつくっていく第一歩に思えるのです。

もうタイトルも作者も思い出せないのだけど、ある物語に忘れられないシーンがあって、それは主人公の女の子がお風呂につかりながら、彼はいまなにしているのだろう、彼のいえはどっちの方向だろう、ちょうど右足の先のほうかな、と思いをめぐらせる場面。

いえのいちばん奥の、もっともプライベートな場所が、意識の力によってとつぜんいえの外へと浮遊していくような感覚。じぶんとお湯と浴槽だけがたしかに存在して、それ以外のすべてのものが透明になって、離れた人と視線がつながるような錯覚というか。

どうしてそんなに強く印象に残っているかよくわからないのだけど、でもじぶんのいまいる場所、向いている方向を、たとえ目には見えなくても大きなスケール感のなかでとつぜんに意識する、という感じが人生に確実さとひろがりをもたらす気がする。

まちじゅうのお風呂が水道管でつながっていることを想像しながらお湯につかろう。

ユニットバスが発明されてから、お風呂のコストは格段に下がり、性能は上がって、特に階上の浴室やリフォーム工事などでたいへん重宝されるようになった。けれどもそれは「ユニット」の名のごとく、

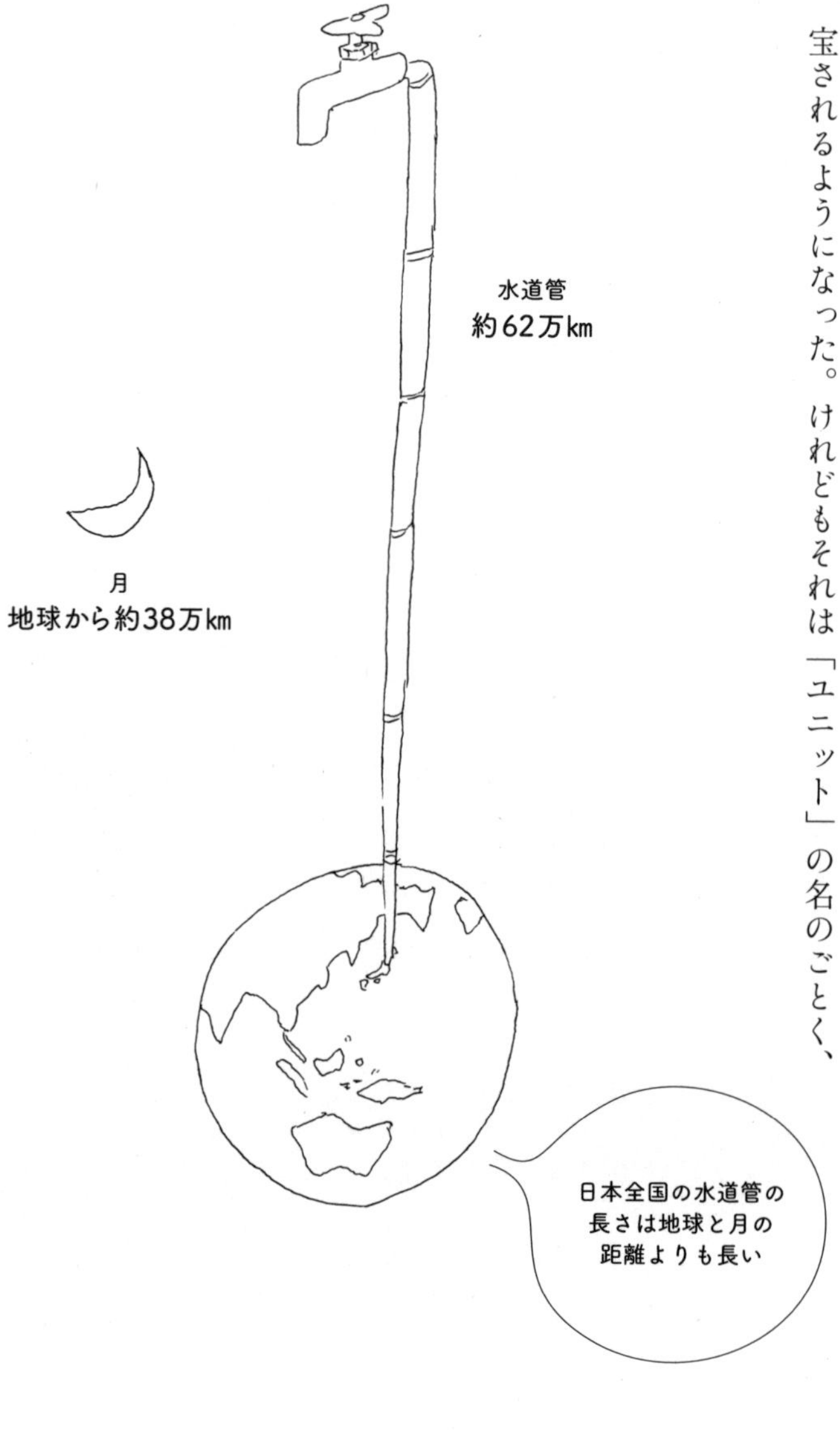
水道管
約62万km
月
地球から約38万km
日本全国の水道管の
長さは地球と月の
距離よりも長い

『日本の管路延長と月までの距離の比較』

その場所や向きなんかはおかまいなしにパッケージングされているから、まるでちいさな宇宙船のように、外からはぴちっと閉ざされている。閉ざされているからこそ、そこから意識だけがのびやかに解き放たれていく感じが、むしろいいのかもね。

あ、でもよく考えるとお風呂からはあたりまえのように水道管がのびていて、それはマンションのほかの部屋とか、となりのいえとかとも、やがて合流していく。つまりうちのお風呂とほかのいえのお風呂は、水道管によってどこかでつながっているのでは！　わあ、大発見。

ためしに、近所のみんなで大きなおなじお湯につかっていることを想像しながら、お風呂に入ってみよう。なんだかじぶんのいえのバスルームがとつぜん、社会的な場所のように思えてきて、しかもなんとなく近所の人たちと連帯感か親密感のようなものがめばえそう。

そういえばこのあいだテレビで女性タレントが「私は引っ越すときはぜったいにマンションの最上階。だってじぶんの頭の上で誰かがウンチをしてるなんて、考えただけでぞっとする」と言ってまわりのひんしゅくを買っていたけれど、そういう想像力ってなんか野性本能的でわるくないよね。

となりのいえが
空き家になったら
どうやってつかうか
作戦を立ててみよう。

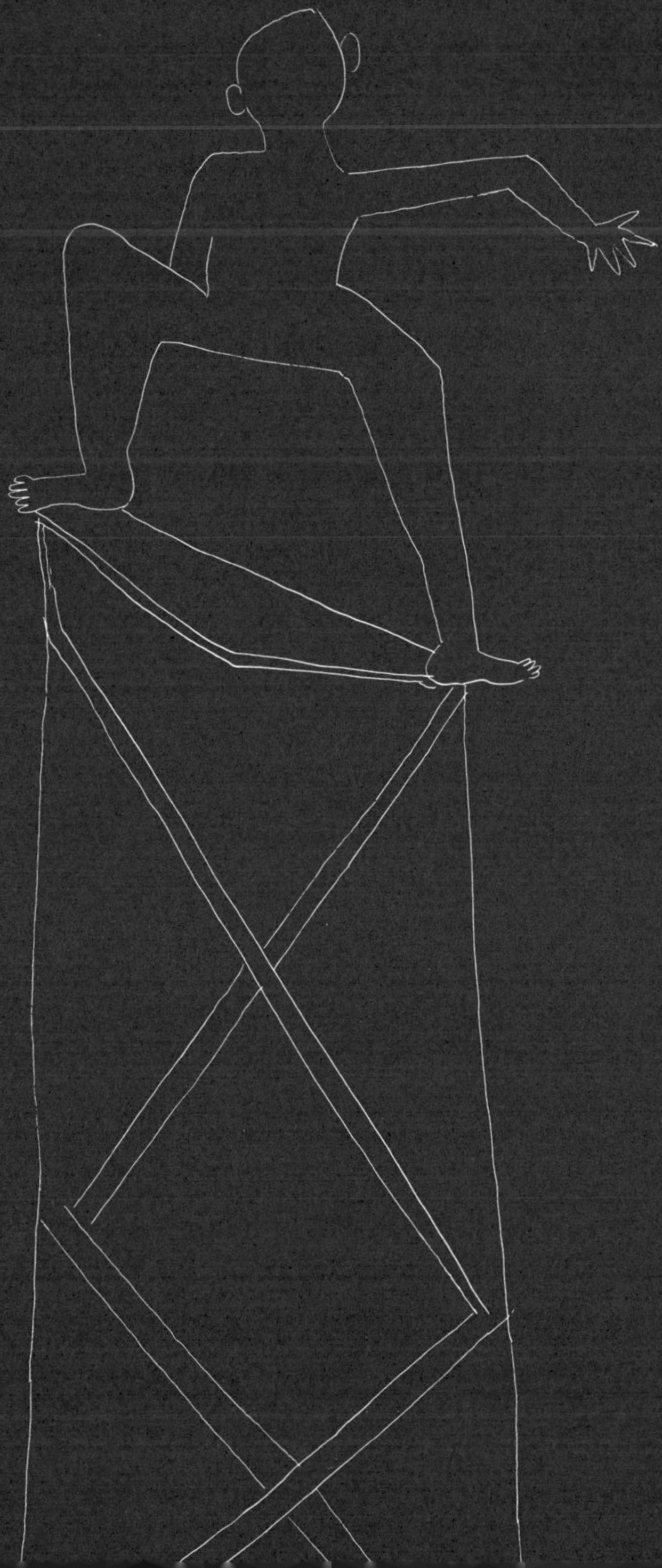

江戸川乱歩や横溝正史の小説には、けっこうな確率であやしげな「大屋敷」が出てきて、外からはうかがい知れないミステリアスな状況がひっそりと進行するものです。じぶんたちの生活のそばにありながら、決して入ることのできない異世界。もれるわずかな気配が隣人の想像力をいっそうかきたてる。

遺産相続にまつわる、個別の事情と共通の制度によって、大屋敷のあった場所が小割りにされて、小住宅が肩がふれ合うくらいにぎゅっと押し込まれる、というのがここ30～40年の日本の都市風景の定番だ。それ自体がいいかわるいかはともかく、「ミステリアスな大屋敷」は絶滅種となりつつある。ああ、こうやって世界には奥行きがなくなっていくのだなあ。イギリスに起源をもつ相続税の本来の目的が、貧富の差をなくすことだったから、それなりの効果はあったと言えるし、増え続ける都市人口を収容し、一般市民が夢のマイホームを手に入れるというストーリーが、シンプルに受け入れられた時代には、このシステムはびっくりするくらい効果的だったのです。

5年に1度行われる「住宅・土地統計調査」によると、空き家率は1953年の調査以降着実に増え続け、2008年時点で13.1%にまで上がったもよう。現時点では地方集落だけの問題と思われているけれど、少子高齢化、人口減少がますます進むこの国では、空き家率は都心に近い場所でも確実に上昇するだろう。土地をもっているだけで財産、という時代ではもはやなくなるのですよ。

だとすると、買い手のつかないちいさな土地やいえをつくり続けるよりは、いまあるいえ（不動産用語では「住宅ストック」と呼ぶ。いわゆる中古住宅のこと）を活用していくほうがよっぽど健全。

外から新たな住人を呼び込むことがむずかしいこんな時代には、あるおうちが空き家になったとき、そのいえをもっとも有効に活用できるのは、勝手のわかるおとなりさんなのではないかな。土地を小割りにしていた時代から、パッチワークみたいに貼り合わせていく時代へ。新しくたてものをたてなおすほどのゆとりはないだろうから、いまあるいえをそのままなにかに転用するか、もしくはお庭や畑にしてもいいよね。空き家が放置されるよりは、まわりの雰囲気も荒れないから、たとえばとなりの人が買った場合は税制上優遇するとか。いえのそばにプラスアルファの場所があるということは、すごくわくわくする。なにかちいさな商売を始めてもいいし、近所の人たちが集まれるあそ

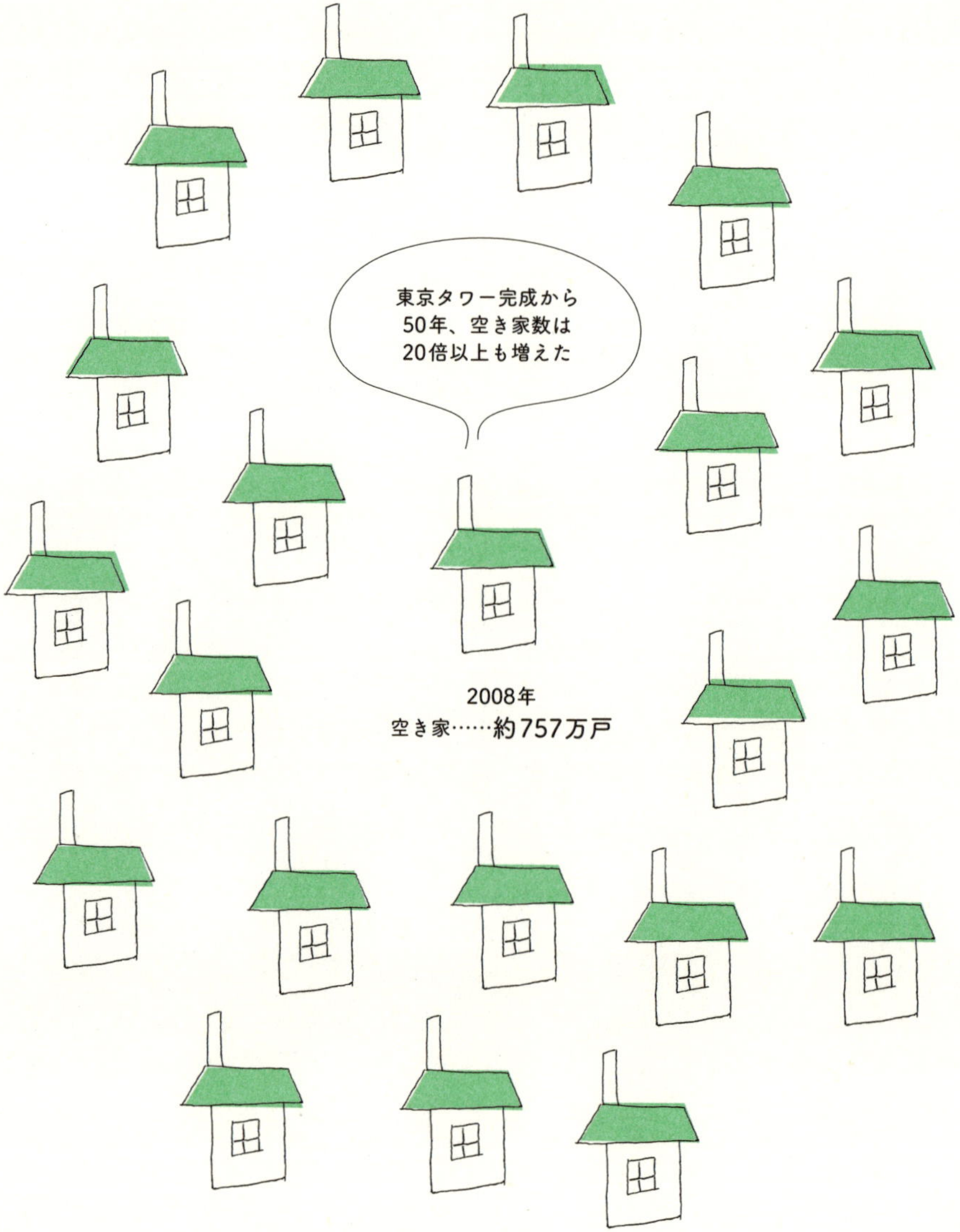
東京タワー完成から
50年、空き家数は
20倍以上も増えた
2008年
空き家……約757万戸

び場でもいいと思う。単なるすきまでしかなかった自分のいえととなりのいえのあいだの場所も、もっと別のつかい方が生まれそう。

ミステリアスでない開かれた大屋敷がたくさんあるまち、というのがぼくのたのしい未来都市のイメージです。

1958年
空き家……約36万戸

『日本全国の空き家数の推移』

じぶんの部屋と教室が
すべり台でつながっている
ところを想像してみよう。

小学生のころ、終業のチャイムが鳴ると、「ああ、このまま教室とじぶんの部屋とがすべり台でつながっていたらいいのにい」と思うことしきり。学校はいえより高い場所にあったから、方角的には向こうのほうで、あそこからびゅーんとすべってじぶんの部屋の窓からすとんって帰れたらなあ、とずっと思っていた。朝の登校が上りで、帰りが下り、というのも妙にしっくりくるし。むだなく一直線ですべって帰れるのは最高に気持ちいいよな、と夢想する日々。なんて脳天気な小学生であることよ。

けれども、最近になってわかってきたのだけれど、交通の本質はどうやら「移動」ではないのです。移動というのはあくまでもきっかけや目的であって、本質は別のところにあるんじゃなかろうか。交通の本質は、さまざまな人やものが交わり重なり、すれちがっていくことにある、とここで断言したいです、ぼくは。

たとえば延々と続く荒野を、馬に乗ってたったひとり、ひと晩じゅう走り続けることは、移動であって交通ではない。それとおなじような理由で、飛行機に乗って、密閉された空間のなかで、遠く離れた場所に移動するのも、なんだか交通とは呼べないように思ってしまうし。

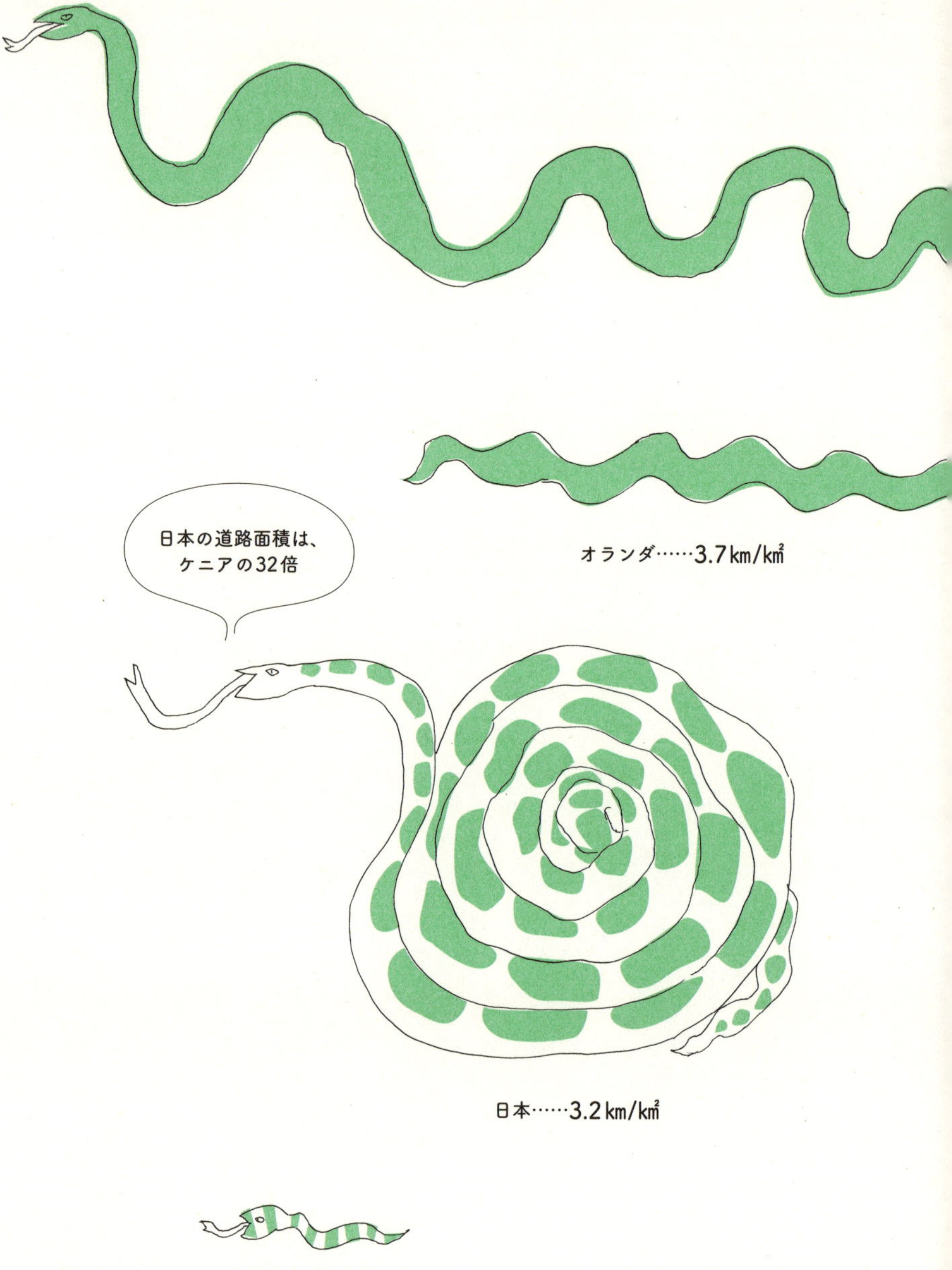

『道路密度の国際比較（2005年）』

注：1km²あたりの道路長

交通というのは、スクランブル交差点みたいに、知らない人たちがさまざまな方向からやってきては、また散り散りになっていく、かりそめの定常状態。一見毎日おなじように繰り返されている状態のようで、そこにいる人や、向かう方向がおなじことは二度とありませぬ。交通というのは、固くて動かない都市や建築というものの対極に位置するように思うけど、じつは概念的にはそれらは両方とも、場所を指していると思うのです。場所と場所を結ぶのが交通なのではなくて、交通、という場所が存在していると考えるほうが、むしろ自然じゃないだろうか。言いかえると、交通という場所が都市のなかで魅力的なまだら模様を描いているかが、そのまちの魅力に深く関係している、というのがぼくの仮説です。

モータリゼーションが異常に発達したロサンゼルスのようなまち（あるいは日本の多くの郊外都市）には、だから移動はあっても交通はないし、その穴埋めをするように巨大ショッピングモールのなかに人工的な交通の場をつくり上げている。人生には、知らない人やものと予期せず出会い、すれちがい、迷惑をかけたりかけられたりする「交通」という場所が必要なのです。

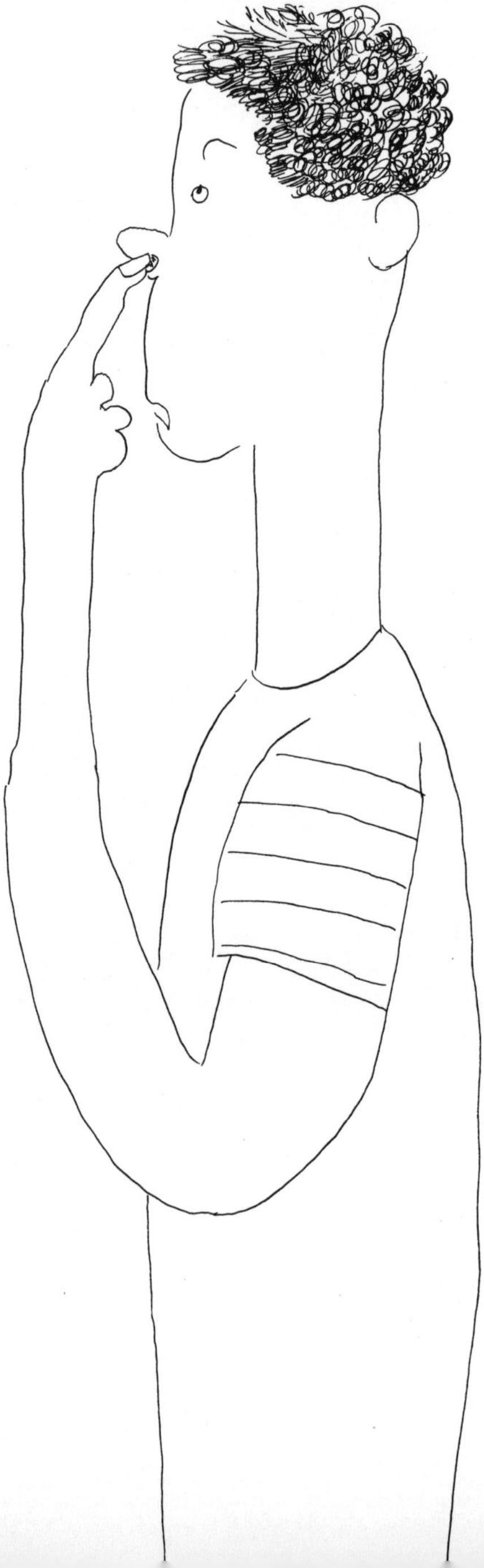

エスパーになったつもりで、
となりのいえの人が
いまどこでなにをしているか
推理してみよう。

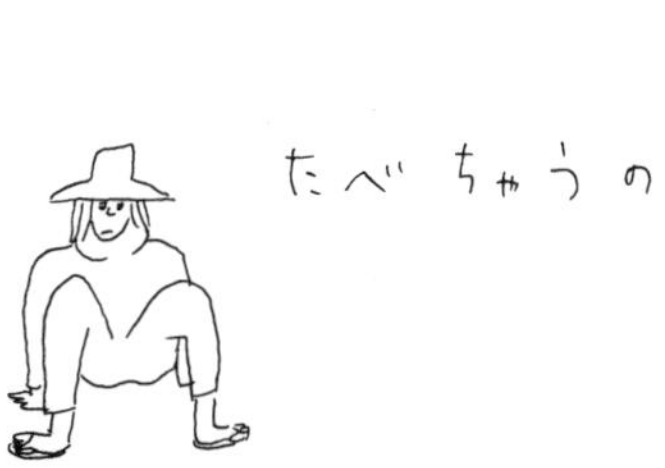

先日、知り合いが中目黒の新築マンションに引っ越したというので興味半分に突撃訪問。まぎれもなく高級マンション！　正面玄関でピンポンしたあと、ロビーでもう1回、エレベーターに乗るときに1回、そして部屋の玄関で最後の1回。これって自分が招かれざる客人で、いやむしろ国家機密を握るスパイか、ヒロインを救出に行く勇敢な騎士にでもなった気分である。出てこいドラゴン。

じぶんのいる場所の壁を厚くし、塀を高くする、というのは現代社会の豊かさの象徴だ。音がもれないよう、虫が入ってこないよう、家はどんどん性能を上げ、最近はまるで潜水艦か宇宙船みたい。

外敵から身を守るための城壁を築くという行いは、人間、というか動物の本能だし、建築の原始的な役割でもあるけれど、たとえばヨーロッパの古いまちを見ると、それは逆説的に、城壁内部の一体感や親密感のようなものを生み出していたんじゃないかな。一歩塀のなかに入れば、兵士はかぶとを脱ぎ捨て、商人は風呂敷を広げ、農民は財布の紐をといた。城壁のなかの人びとは味方であり仲間であり、大きな家族のようなものだったから。

それに比べて日本の城壁のちいさいこと。人がひとりかふたりしかいないマンションの1室をそんなに必死に囲っていて、部屋の外はまるで魔界とでも言うのかい。みんながじぶんだけの小さな城に閉じこもり、一歩外に出るときは見栄や世間体で武装していけば、まちはぶっきらぼうでしらけたものになって、そうなれば塀はさらに頑丈にせざるをえないという悲しい悪循環。

むしろこういう想像をしてみたらどうだろう。自分がいまいる場所は、もっともっとおおきな透明な傘のようなものに守られていて、そのなかにみんなで一緒に雨やどりをしているという感覚。ちょっと体の向きを変えればもうひとりくらい入れるかもしれないし、そのときに「どもどもすんません」「いやいやだいじょぶっすよ」って軽く会釈する感じ。じぶんだけのちいさな傘を必死に握りしめて、となりの水しぶきばかり気にしていたら、結果的にびしょぬれになってしまうと思うのです。

『日曜日に会話・交際をした20代日本人女性の割合変化』

注：会話・交際とは「家族、友人、知人、親せきとのつきあい、おしゃべり、電話、電子メール」を指す

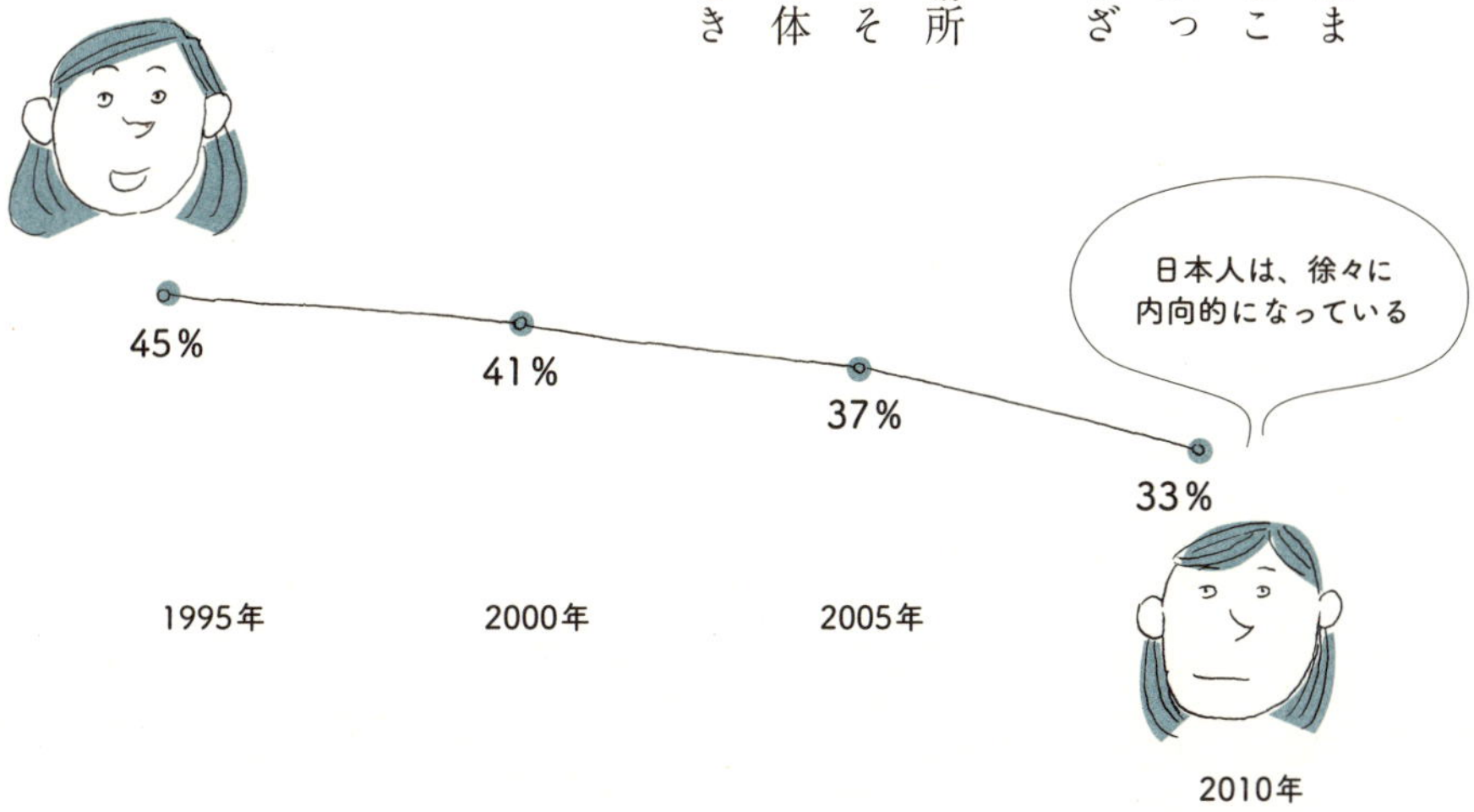

じぶんのいえに
最高何人泊まれるか、
一度実験してみよう。

雨つゆや外敵から身を守る、というたてものの根源的役割を考えると、今晩、安心して寝られる場所があるということは、からだや心の安定には、それはそれは大切な条件だ。いえがあるというのは幸せの根幹だし、戦争や災害などによってわが家を追われた人たちは、まずは今日どこで寝るかが切迫した問題となる。これはきついと思う。

戦前の日本は、いまほどホールや公民館はなかったけれど、大家族が多く、非常時には地方の親戚やお寺を頼って疎開をしました。だいたいどの家も使っていない部屋がひとつやふたつはあったし、そもそも個室という概念がなかったから、そこに住人がひとりふたり増えようとも、部屋数や間取りはたいした問題にはならなかったようだ。

現在の都心部の住宅は、あってもせいぜい客間か和室がひとつあるくらいで、家族が最低限暮らすのに必要な広さしかもち合わせていな

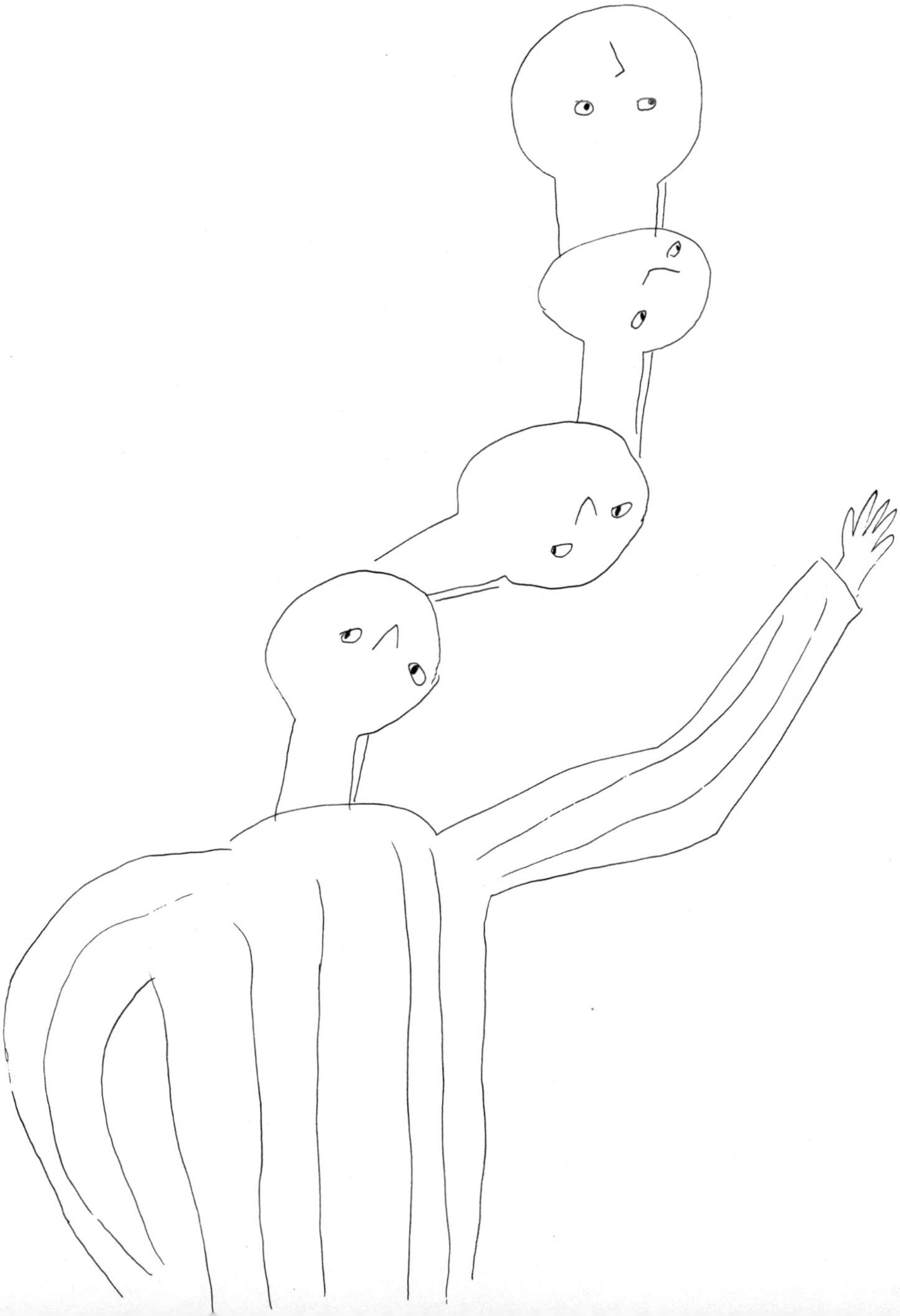

い。けれどもよくよく観察していくと、たとえば家族構成の変化によって使っていない部屋があったり、ライフスタイルによってはおおきなリビングルームがまったく活用されてないこととか、よくある。こう

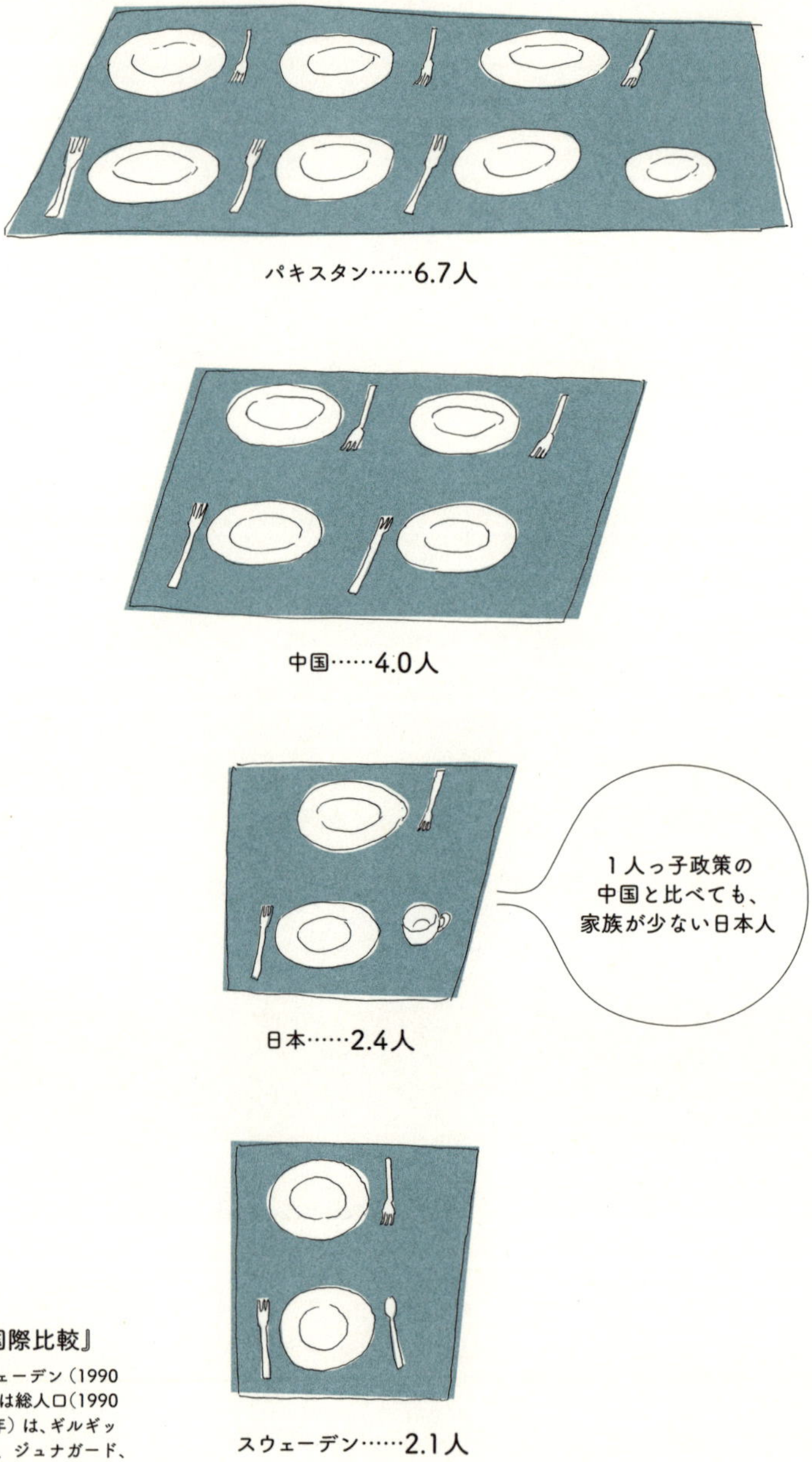

『平均世帯人数の国際比較』

注：日本（2010年）・スウェーデン（1990年）の値は常住人口。中国は総人口（1990年）。パキスタン（1981年）は、ギルギット、ジャム・カシミール、ジュナガード、バルチスタンおよびマナバダールを除く

した「ちいさな空き物件」はまちのなかにじつはたくさんあふれているし、そういうことに気がついた賢明な人たちは、海外からの旅行者に自宅の一部を間貸ししたり、自宅への被災者受け入れを申し出たり、と動き始めている。

結局のところ、追いついていないのは、たてものだけなのだと思う。そういった状況や気持ちに対応できるような、おおらかでだらしない空間の構成、そしてそれを許容するようなゆるやかなシステムがないのだ。人はたてものよりよっぽどフレキシブルだし、そういった人間本来がもつあいまいさを許すようないえが、いままさに必要と思う。

これからは、ちょっとした「余りの部分」が幾重にも取り囲んでいるような空間がいいんじゃないかな。部屋もいえもまちも、日常必要な部分に加えて、すこし余りを含んでいるような空間。そしてその余りがふだんは余りと感じないようなデザイン。かつての武家屋敷のようなオープンな間取りは難しいかもしれないけれど、ちいさな個室が脈絡なく廊下でつながっているような間取りは、もうだめだと思う。

そういったことに、大手のマンションメーカーやハウスメーカーこそがきちんと気づいてほしい今日このごろ。

じぶんが王さまだったら
いえのまわりのどれくらいまでが
領土だったら都合がいいか
考えてみよう。

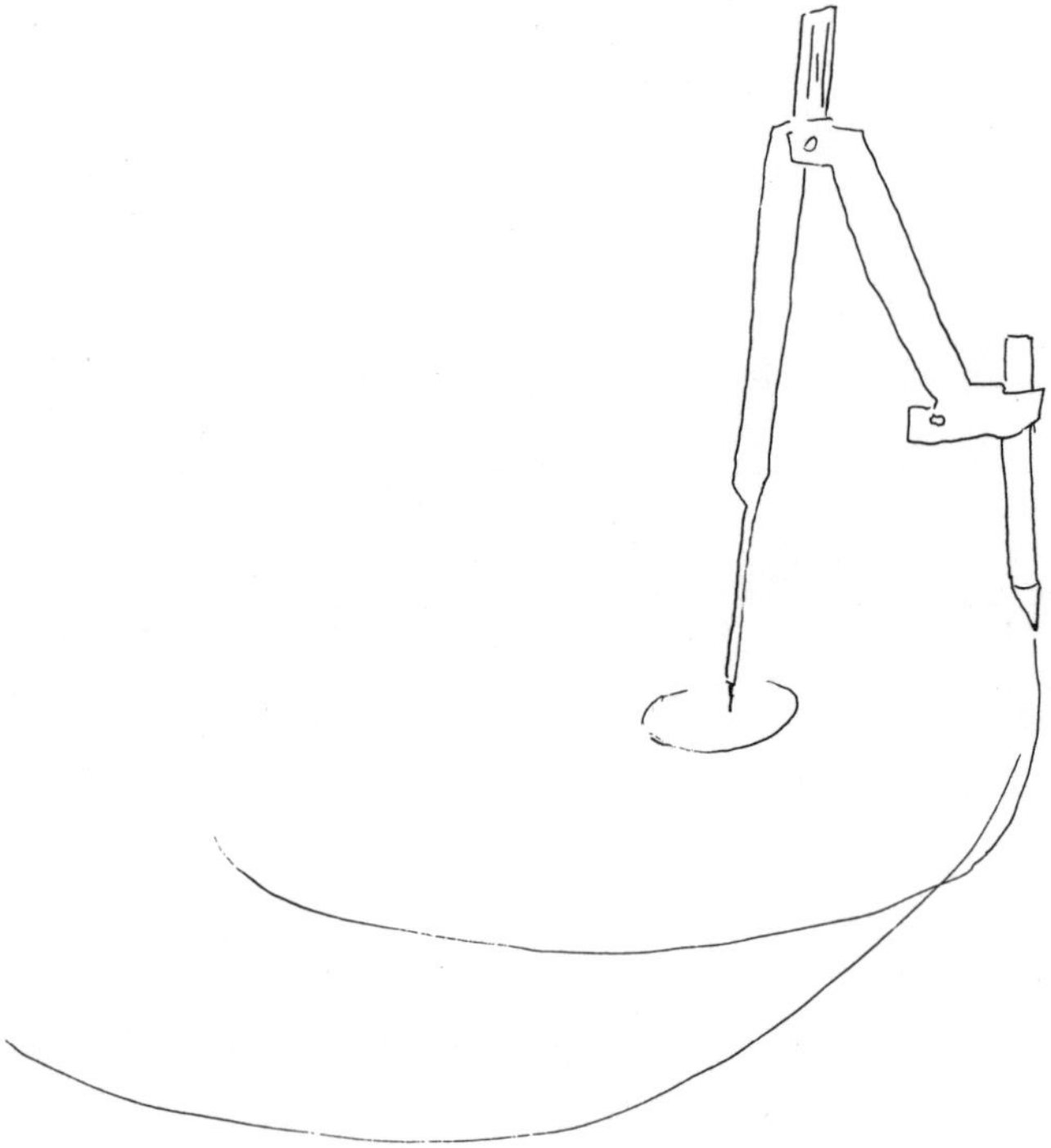

もし理想の王国をつくるとしたら、どれくらいの広さがいいかな。

国民の数があまり少ないとさみしいけれど、かといって多すぎると目が届かなくなって、まとめるのもしんどそう。高校のときの生徒の数は700人くらいだったけど、全校集会を思い出すと、ちょっと多いかなあ。ということでためしに500人くらいと仮定してみる。

クラレンス・アーサー・ペリーは「近隣住区論」のなかで、こどもが歩いて通える小学校区、というのがひとつのコミュニティの大きさの指標になると説いた。それは小学校を中心とした半径400〜500mの円を指していて、面積にすると0.6㎢くらい。生活に必要な基本的な機能がそのなかにひととおりそろっていれば、徒歩を中心とした豊かな生活が送れるのではないか、ということです。

東京23区でいうと人口密度が1㎢あたり1万4000人くらいだから、0.6㎢というと8400人。だいぶ多いなあ。逆に500人で計算すると、広さは3.5ヘクタール、つまり半径100mちょっと。ぼくはこれくらいがちょうどいいかな。

じぶんを中心に、半径100mくらいのこぢんまりした王国。そこにちいさめの学校や幼稚園、お医者さんやお店や公園なんかがぎゅっ

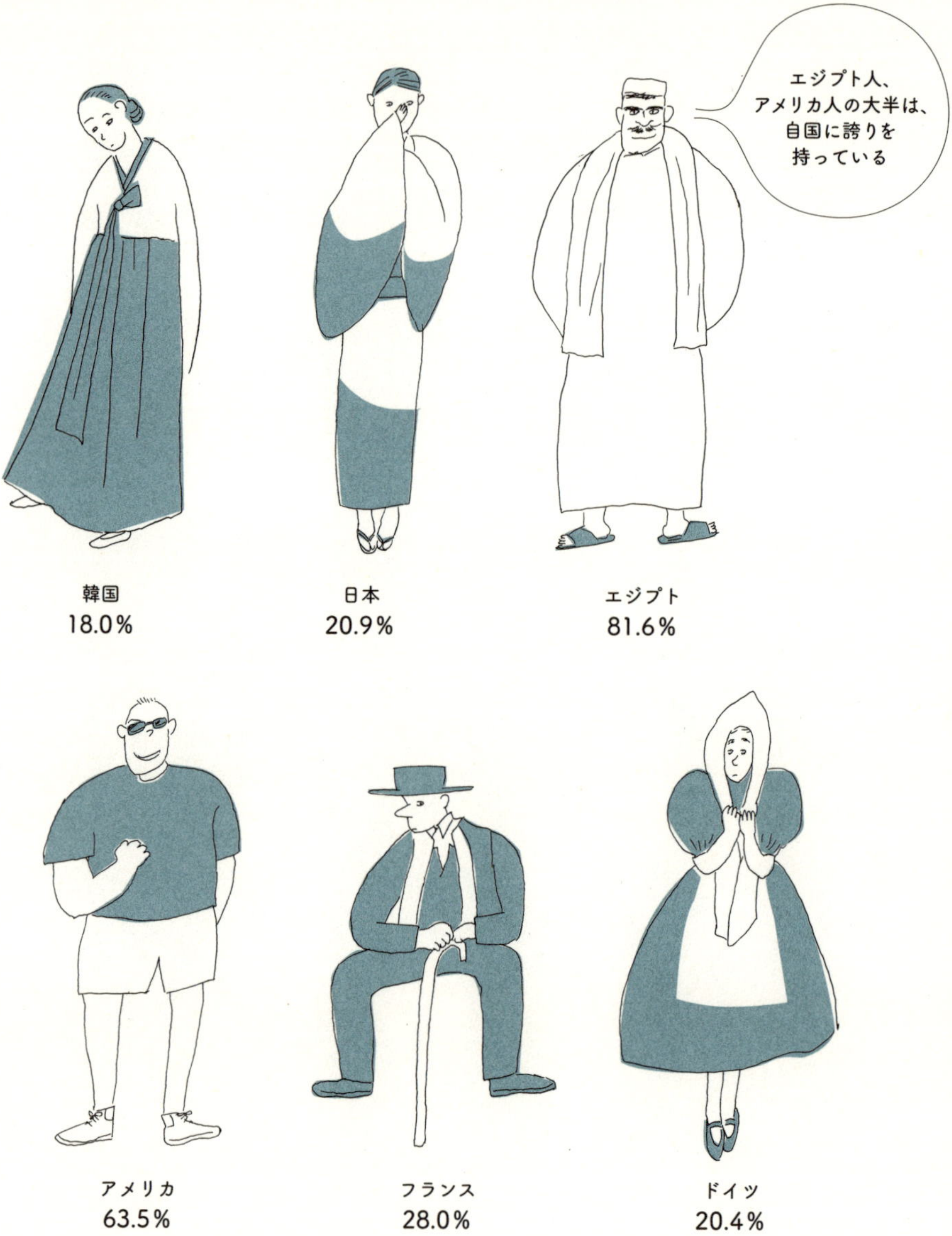

『自国民であることの誇りを「非常に感じる」意識の国際比較（2005年）』

注：各国の全国18歳以上男女1,000サンプル程度の回収を基本とした意識調査の結果。回答の選択肢には、そのほかに「かなり感じる」「あまり感じない」「全く感じない」「わからない」「無回答」がある。エジプトは2000年の調査結果

と詰まっている感じ。劇場とかデパートとか、そういうのはもうすこし遠くにあって、すこしおしゃれして出かけていく。生活に必要なものや、日常的なささやかなたのしみは身近にそろっている感じ。ブリューゲルの絵に出てきそうな雰囲気で。できればそのなかにいえも仕事場もあって、昼も夜もおなじくらいの人たちがいて、なんとなく互いが顔見知りの王国がいいな。

大事なことは、そこにいるひとりひとりが「じぶんはこのちいさな王国の民である」というささやかな誇りをもてることだ。500人くらいだと、そのなかでじぶんしかできないこととか、あるいはだれかがなにかにこまっていることも、いまより気づくかもしれない。あと大切なのは、国民のだれもに愛される王さま。なにせ「王国」だからね。

童話やむかし話にはいろんな王さまが出てくるけど、この際人間じゃなくて、たとえば古くからあるたてものや自然とかのほうがなまましくなくていいな。「うちは風呂屋の煙突の王国とする！」とだれかが無責任に宣言して、かわいらしい城壁なんかをこっそりつくって、500人がなんとなくひとつの親族みたいに穏やかに暮らす感じ。あ、ということはぼくが王さまじゃなくていいのか、そもそも。

ねこの額とうなぎの寝床の
どっちが広いか、
議論してみよう。

日本の住宅はちいさいとよく言われるけれど、数値的に見ると一概にそうとも言えない。1戸あたりの床面積を世界の国々と比較してみると、日本の平均94㎡はフランス、ドイツ、イギリスとほぼ同等か、すこし上まわるくらい。言われてみると、パリやロンドンで若い人たちがくらしている部屋って、東京よりもこぢんまりしていた印象だなあ。古いたてものをやりくりして使うヨーロッパ各国では、屋根裏部

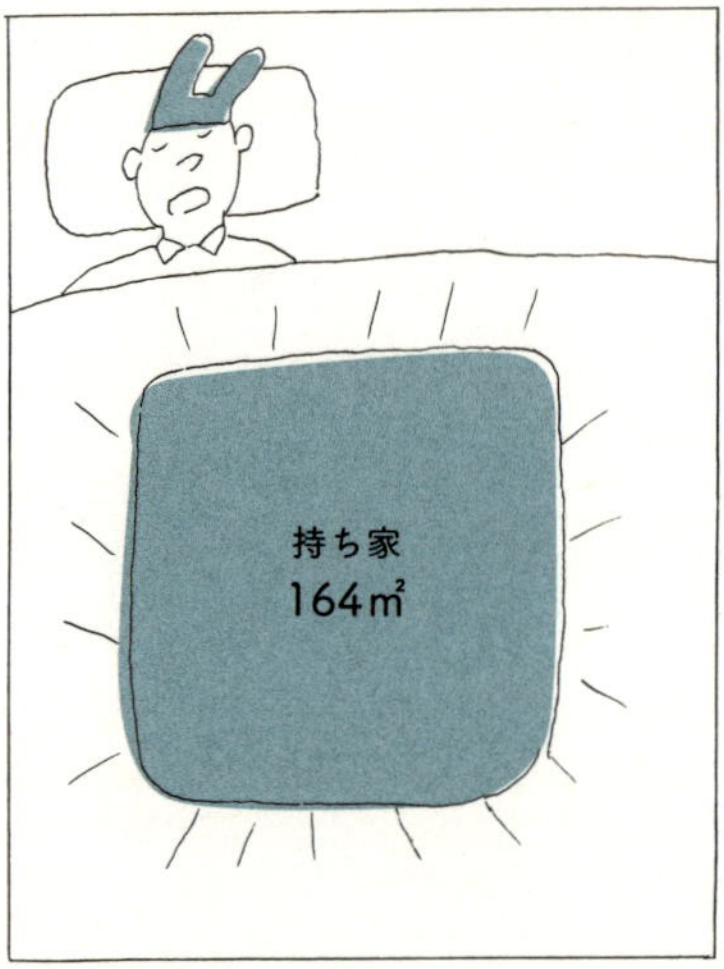

アメリカ（2007年）

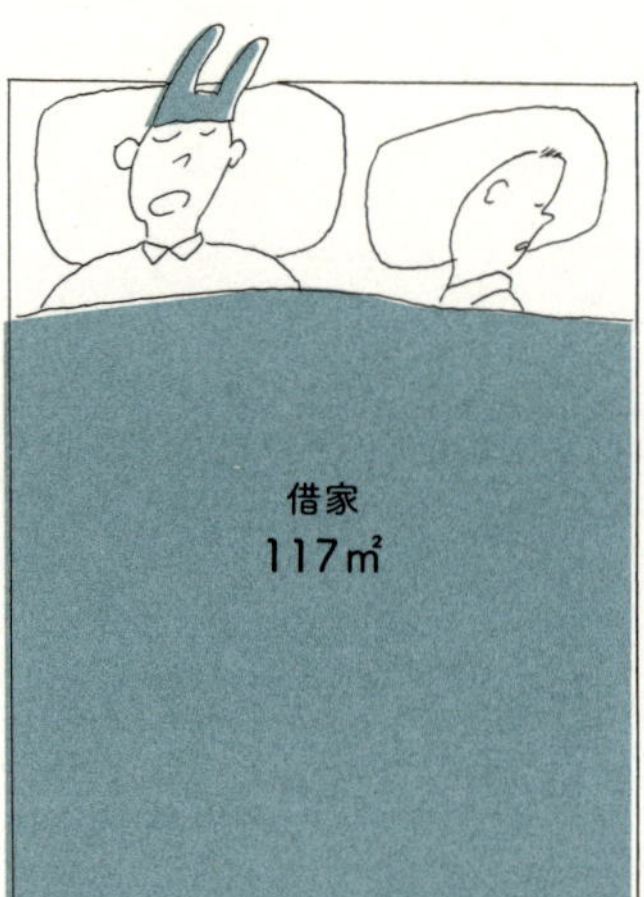

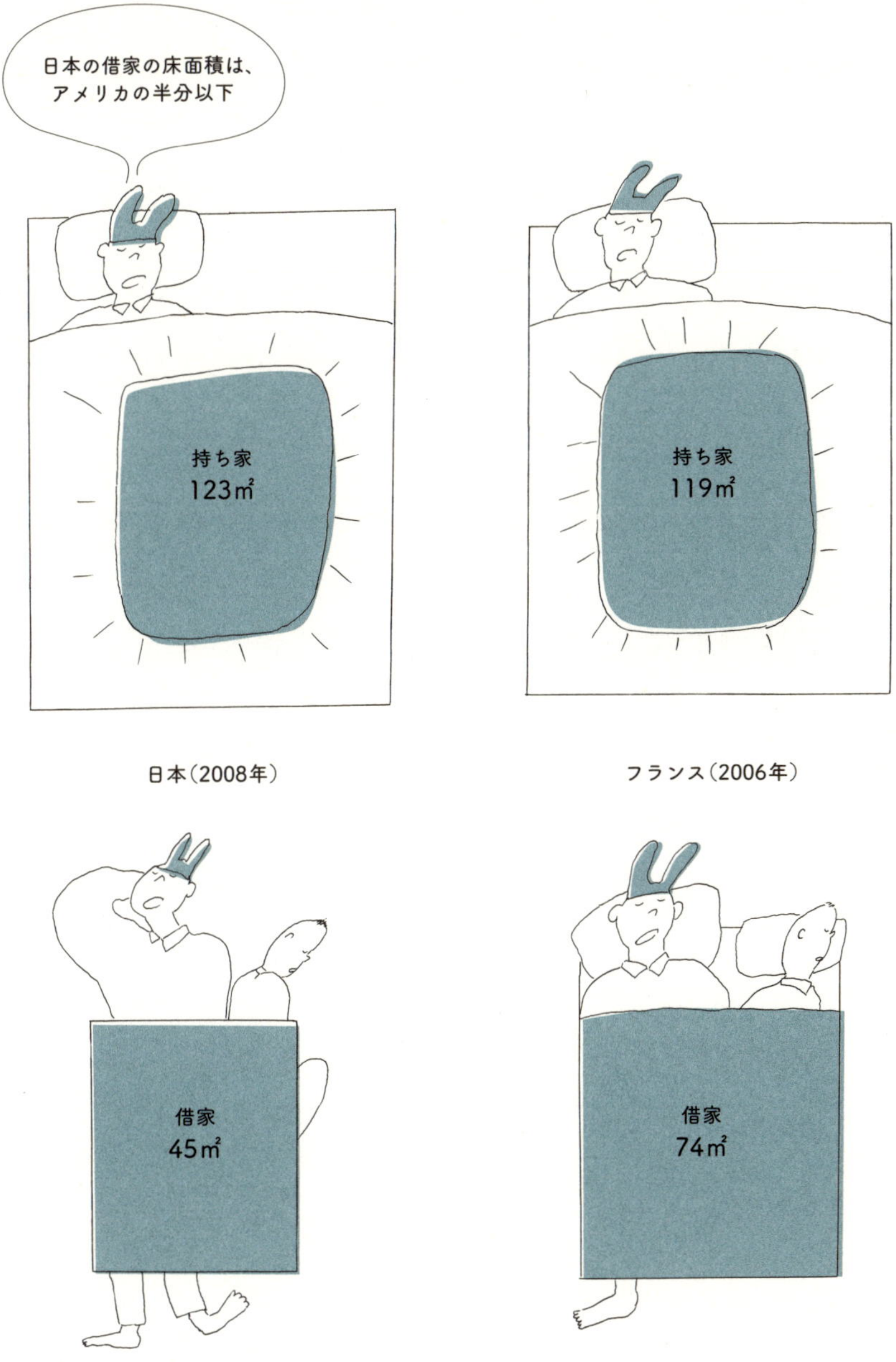

『1戸あたり床面積の国際比較』

屋や地下室が低家賃の住居になっていたりすることもあるしね。じゃあどうして、と思って調べてみると、日本の場合、持ち家と借家で床面積に大きく開きがあって、借家の平均床面積はわずか45㎡しかないことがわかった。

そのいちばんの理由は、「夢のマイホーム」に対する「賃貸住宅は若いころの仮住まい」という風習にあるようだ。賃貸は最低限の広さと家賃でがまん、という日本人の志向と、つくる側の都合、つまり土地の有効活用と節税対策が優先されてしまって、金融機関からの資金調達も地主本人のため制約が多く、良質の賃貸集合住宅をつくる文化的土壌と制度が、そもそもこの国にはないのです。

経済成長を終えて、少子高齢化が進むこの国において、おおきな視点では持ち家を少なくして賃貸住宅を増やすことが、国全体の状況には合っているだろう。だからこそ、さまざまな規模、タイプの賃貸住宅を、臨機応変に交換しながら人生を全うしていくというスタイルが、いまあるたてものをむだなく、豊かに活用していくにはいちばんいいと思うのです。建築家としては微妙なところだけど。

けれども肝心の賃貸住宅（とりわけその大部分を占めるマンショ

ン・アパート）が現状のようなつくられ方では、ぼくたちのくらしもまちの風景も見通しは暗い。投資目的という「つくる側の勝手な都合」でできたいえなんて、いくつあってもしょうがない。それよりも住む側、つかう側の都合でできた集合住宅をもっともっと増やさなくちゃいけないと心から思う。

ある程度小規模で、単身者も家族も、お年寄りも外国人も障害者も問わずほっとしたり、ゆったり生活できるような、小さな村落のような低層の個性的な集合住宅が、もっとたくさんあったらいいと思う。大きな庭や畑がウリのところもあれば、共同のお風呂やキッチンが特徴のところ、すごく天井が高いところや窓がおおきいところ、とか。大量生産のできない、たのしい賃貸住宅を建築家はこれからたくさんつくるべきだ。つくりたい。

ちなみに、かつて日本の住宅はうさぎ小屋、と呼ばれていたけれど、もとはフランス語の言いまわしだそうで、それはせまいという意味ではなく、都市型集合住宅の俗称だったそうな。うさぎって社会的で空気が読めそうな感じもするので、なんとなく納得。

じぶんと同い年の
たてものをさがそう。

ヨーロッパのまちを歩いていると、たとえばパリやローマなんかは、たてものとみちがひとからげになっているというか、いったいどっちが先にできたんだろう、と思うほど渾然一体《こんぜんいったい》としている。その土地でとれる石や木、石灰などでつくられるたてものやみちは、色や質感が近しいから、ぐずぐずに溶け合っているみたい。

そう考えると東京のまちは烈《はげ》しく、どう猛だなあ。見渡すといつもどこかで工事をしているし、とつぜん更地や駐車場になったりする。油断していると工事していたことすら気づかず、いつも通るみちに、とつぜん新しい建物が出現してびっくりしたりする。

日本のいえの平均寿命は約30年。これはほかの都市と比べてとても短い。ほとんどの国のたてものは、少なくとも人間よりは長生きするから。でもこれが好ましいことなのか、そうじゃないことなのかはむずかしい問題だ。たてものがまるで自然地形、あるいはこの世界そのもののように、最初から与えられたもので、これからも変わらずあり続けるという認識で生きることと、逆にそれらがひどくもろく壊れやすく、だからすこしずつ調整して生まれ変わらせていくものであるという認識で生きることは、求める豊かさやたのしさが根本的にちがう

英国の住宅は、
日本の住宅の
2倍以上も長持ち

英国……77年
(1996〜2001年)

んだと思う。

ただひとつたしかなことは、たてものや場所には記憶というものが強く埋め込まれているということ。そこに足を運んだとたんにみずみずしい思い出がとつぜんあらわれたり、あるいはかつておなじ場所に立ったいにしえの人たちを想像し、見えないものが見えるような空想に引き込まれる感覚。そういったふとした冒険のきっかけは多ければ多いほど、まちは、人生は、豊かになると思う。

壊すとか保存するとかは、物質的な問題のように思えるけれど、じつは人びとが現実の世界にいながらにして、いかに架空の世界を旅できるか、という価値によって決めていけば、東京のまちは別の意味でさらにたのしくどう猛になるにちがいない。

まずは身のまわりのたてものの年齢を調べて、彼らの人生を想像するところから始めてみます。


『住宅の平均寿命の国際比較』

注：５年間（アメリカは４年間）に滅失した住宅の新築後経過年数の平均値（各国統計調査による国土交通省推計値）。新築住宅の平均寿命とは異なる

日本……30年
（1998～2003年）

アメリカ……55年
（2001～05年）

この1週間で
いえのなかに入ってきたものと
いえから出たものを
なるべく正確に
書き出してみよう。

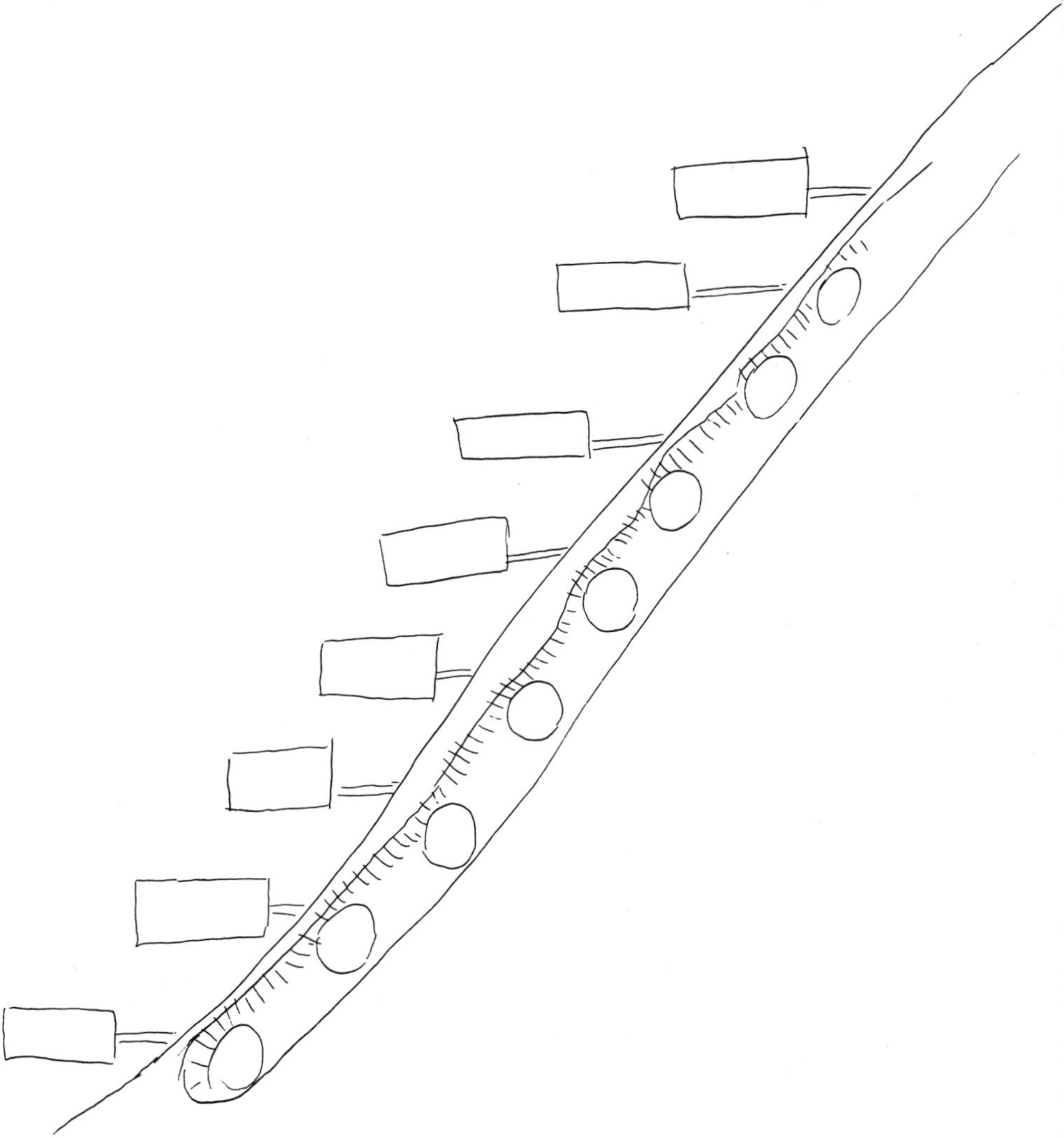

この話をするとたいていびっくり、おののかれるのだけど、ふつう、たてものの建設費用はたてものの生涯にかかる費用（ライフサイクルコスト）の4分の1程度と言われている。ぎょ。つまり3千万円のいえを建てると、そのあと維持管理（日常の光熱費なども含まれる）や解体処理まで含めると、合計1億円以上かかるということ。なるほど、いえというのは実体よりも、そこを通過するさまざまなものでできていることになりけり。具体的に考えても、いえという器には毎日いろいろなものが入り込み、そして出ていく。電気、ガス、水道はもちろんのこと、新聞や食料、家具や家電だって入れ替わるし、もっと引いて考えると、人間だって入れ替わっていく。ゆく河の流れは絶えずして、しかももとの水にあらず。

こうやっていえを「不動産」ではなく「流れ」としてとらえると、いろいろ気になってくる。たとえば家に配達されるさまざまなもの、郵便や宅配便、生協や酒屋さん、ウォーターサーバーを運んでくれる人……たったひとつのものを運ぶのに別の人が別の時間にやってきて、なんだかわずらわしいな、もったいないなと思う。それだったらどこかにまとめて置いておいてもらって、一度にひとりの人にもってきて

日本人ひとりが捨てる
ゴミの量は、アメリカ人の
半分ちょっと
日本……410kg
フランス……510kg
アメリカ……760kg

『ひとりあたりゴミの量の国際比較（2000年）』

注：１年間の一般廃棄物発生量

もらったほうがいいのに。その人はできることなら、いえごとにおなじ人（むかしでいうご用聞き）がいい。顔見知りのほうが安心だし、こまごまとほかのことを頼んだり、あるいは緊急時には助けてくれるかもしれない。じぶんの生活スタイルをなんとなく知っておいてもらうと安心だし便利。どんなものもすこしでも早く届けるという弱肉強食サービスサバイバルをやめて、人のつながりを中心に考えることが

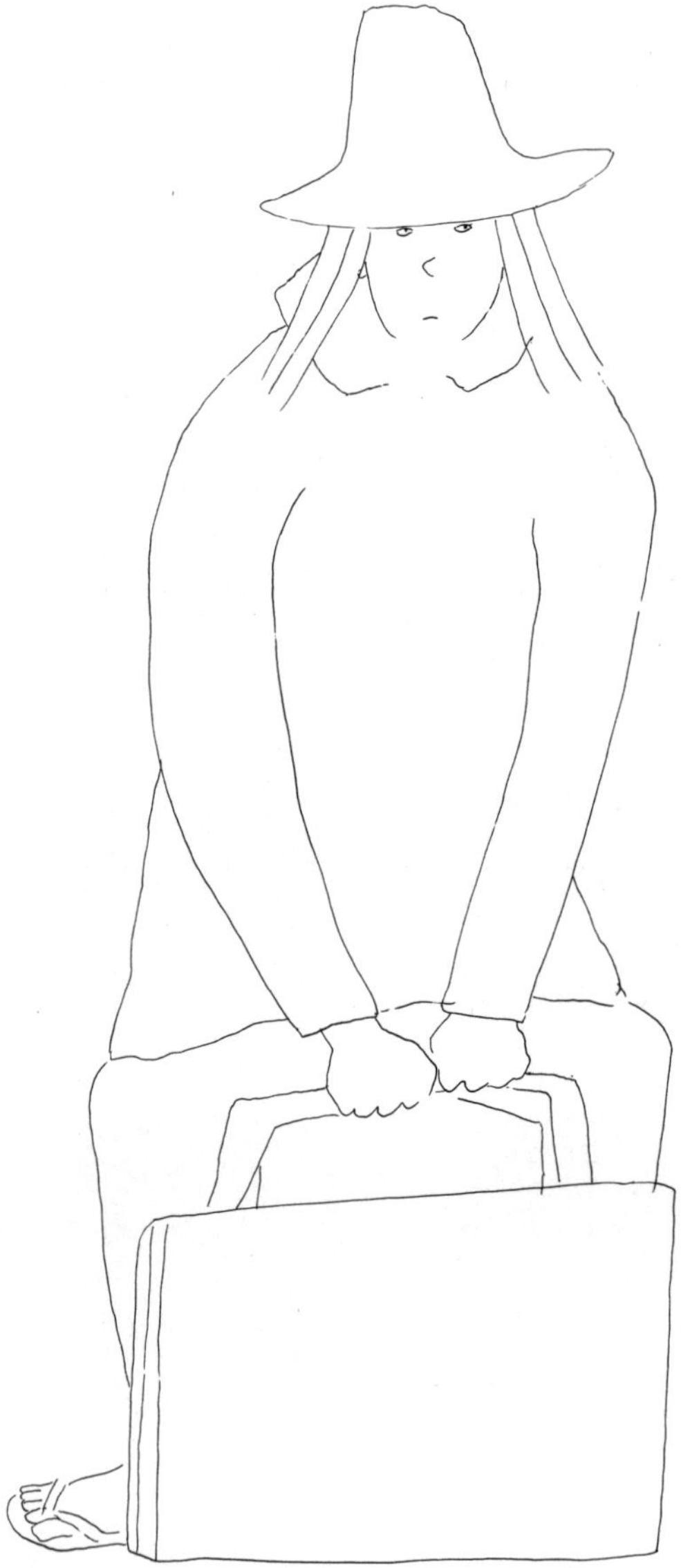

できると、まちや生活はけっこう変わると思う。

出ていくものの代表はやっぱりゴミだ。日本人ひとりが1日あたりに出すゴミの量はおよそ1.1kg。1世帯が出す1年間のゴミの総量は1トンを超えるそうだ。毎回両手にもてるくらいだから、と思っているとじつはとんでもない量を出していることに、いまさらながらおどろかされる。遅かれ早かれ捨ててしまうそれだけの量のものを、人は日々せっせといえに運び込んでいるんだね。

ぼくたちの世界は売れるものをたくさんつくりながら、つかわれず捨てられるものも大量につくってきた。日用品だろうと肉や魚だろうと、すべてのものは美しく清潔に見えるためにパッケージされて、売り物にならない傷物は排除されゴミ扱い。それが経済の考え方なのだろうけど、はたしてぼくたちがほんとうにもとめていたものなのだろうか？　しっかりした包みなんかなくても、見た目がわるくても、みなぎる生命力を感じる新鮮な野菜だけを買いたいと、だれもが思っているんじゃなかろうか。

人間のための利便性というのが、いつのまにか経済のための利便性にすり替わっているじゃん、いまって。

すごく古くからありそうな
お祭りをでっちあげよう。

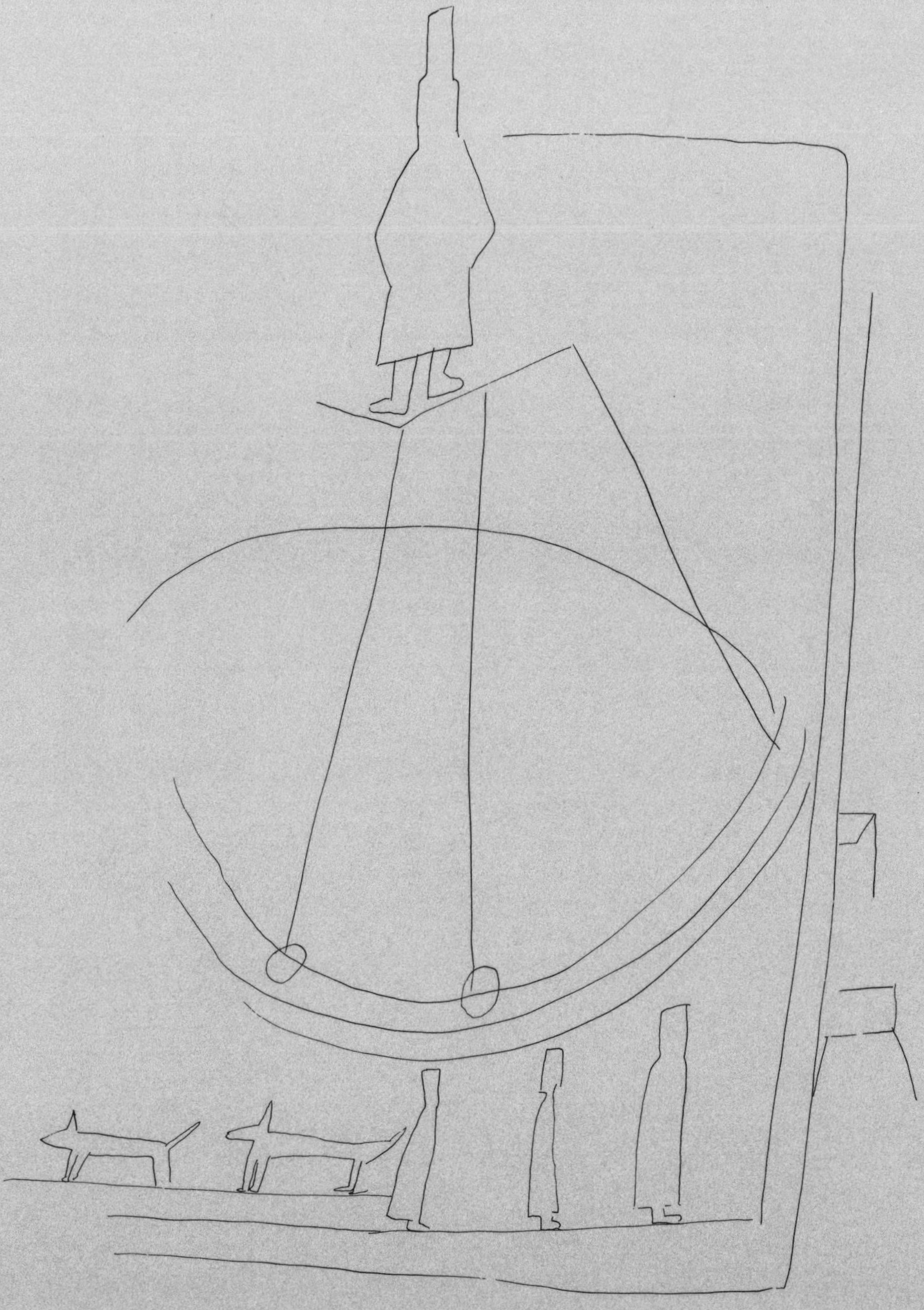

毎年、夏休みが始まる時期になると、近所の碑文谷《ひもんや》公園で盆踊り祭りが開かれる。ぼくがこどものころに比べると、出店の数はだいぶ減ってしまったけれど、それでも、このあたりにはこんなにもたくさんのこどもやお年寄りがいたのか、とびっくりするくらいにぎわう。いろいろな食べものやなんとかすくい、くじ引きとかがひしめき合って、おじさんもおばさんもみんなこどもみたいにはしゃいでる。

ヨハン・ホイジンガいわく、祭りとは、こどもや動物のあそびと基本的には変わらないのだけど、ちがう点といえば「その起源を宇宙的感情にとらえられた状態のなかに求めたり、認識した世界秩序を表現にあらわそうとまさぐっている心のなかに、さがし求めたりすること」だそうだ。つまり祭りとは、目に見える具体的なこの世界の先にある別のなにかを意識して、じぶんのいまいる世界は、なにかもっともっと壮大な秩序のなかにある、という心地よい絶望といましめを感じる機会なのです。

いつも見ているおとなたちが、いつもとはちがう表情で、ちがうまとまりで、いきいきと振る舞うさま、ふだん見ることのないたぐいの活力は、いま生きているこの世界の先に、別の世界がじつはひろがっているような、寄る辺のない気持ちにもさせる。お祭りで感じる、にぎわいのなかの真空の孤独のような感覚は、おそらくそういったところから来るんだと思う。

自分がこのおおきな世界のなかで、取るにたらない存在である、という謙虚さを認めることは、むしろ人生を豊かにする。仕事とかお金とか世間体とか、そういった浮き世の囚われごとから一時的にでも自由になるということは、同時にじぶんがちっぽけな単純な人間として世界と対峙することだ。おとなもこどもも、社長もヒラも関係ないものとして。

農村が都市へと変わっていくなかで、近所づき合いは失われ、会社という新しい「家族」のまとまりに取って代わられた。でもこの新しい「家族」は経済とか立場とか複雑なバランスの上に成りたっている共同体だから、そういった集団のなかで極限までじぶんをシンプルにするのは意外とむずかしい。会社を辞めてとつぜん家にいることになったお父さんが、部屋に閉じこもるか、会社時代の友だちと飲みに出かけるかしかないのは、そのせい。じぶんの抱えてきたもの、身にまとっているものの脱ぎ捨て方を、人はいつのまにか忘れてしまう。

そんなお父さんたちが、ひさしぶりに身軽になって、新しい役割を演じられるミステリアスで思わせぶりなお祭りを、全国各地で発明したら、けっこう盛り上がると思うのです。ほんとうはみんなそういうのほしいんじゃないの？

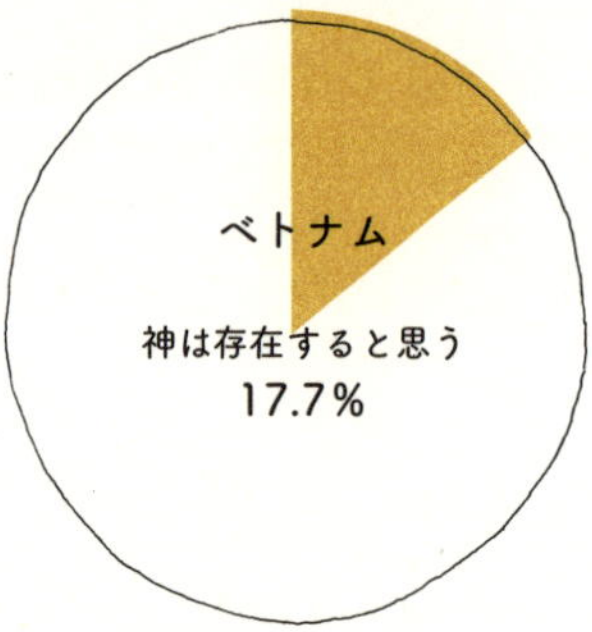
ベトナム
神は存在すると思う
17.7%

日本人、ベトナム人は、
神の存在に懐疑的

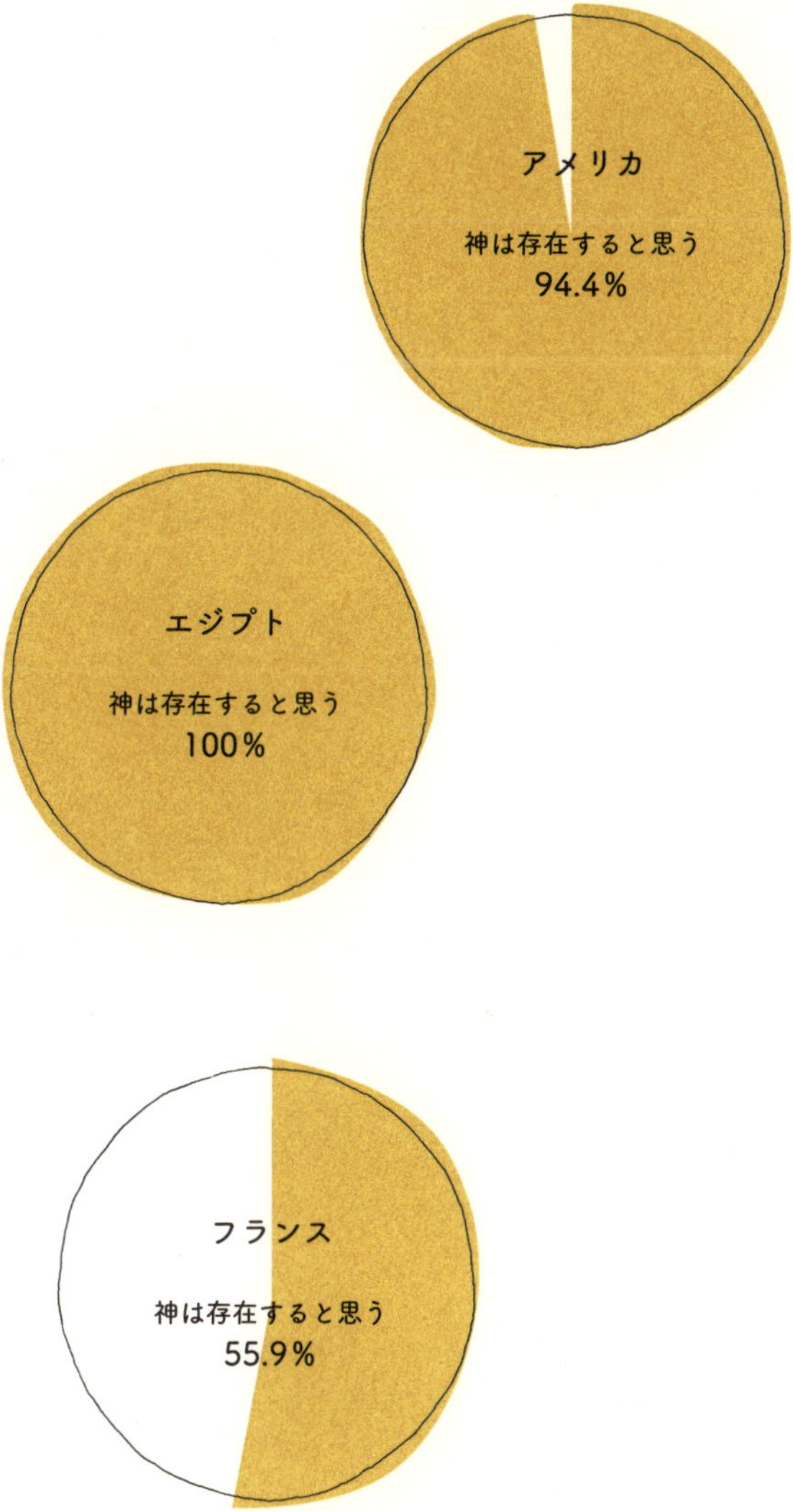

『神の存在に対する見方の国際比較（2000年）』

注：各国の全国18歳以上男女1,000サンプル程度の回収を基本とした意識調査の結果

1階建てだけの世界をつくろう。

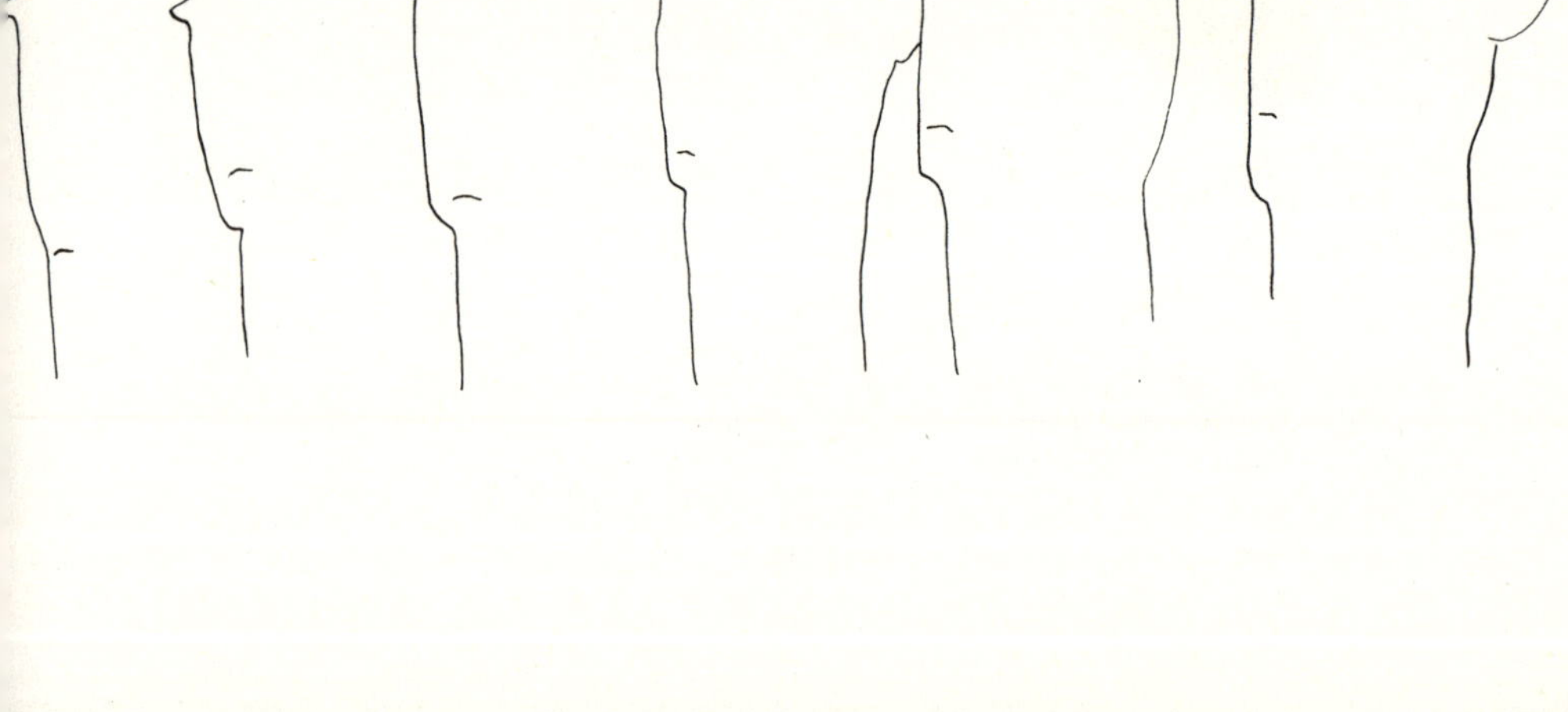

日本中のビルをぜんぶ横に倒して

あるときとつぜん気になって、たとえば東京で5階より上に住んでいる人は何人くらいいるのだろう、と思って最新の国勢調査をもとにそろばんをはじくと、だいたい200万人くらいいることがわかった。東京の人口が1200万人だから、だいたい6人にひとりくらい。最近は大型マンションであるほど入居率が高く、高層階ほど需要もあるようなので、この割合はしばらくは上がっていくはず。

ふしぎだなあ。どうしてこんなにも高層マンションが人気なのだろう。バルコニーもなくて、窓もあまり開かなくて、地面から切り離された場所に住みたいという気分がわからない。たとえ落ち葉そうじがめんどうでも、のらねこのうんちがあったとしても、玄関の先はできれば地面であってほしいし、春にはけむしがたくさん落ちてこようが、窓を開けたら木の1本は見えてほしい。眼下にまちを見下ろすことがたのしみだったとしても、自然がつくり出したものでもないし、じぶんの肉体を駆使して登りつめたものでもないのだから、窓から見る風景は、ぼくにはまるで絵画や映像みたいに奥行きのないもののように思えてしまうよ。外に出るのが面倒と思ってしまうようないえ、ちいさな箱のなかで完結するようなくらしをぼくたちは心から素直に欲しているんだろうか。

おせっかいかもしれないけれど、もしすべての国民が「平屋じゃなきゃ住みたくない！」と一斉蜂起したら、世界はどんな風景になるのか試算してみましょう。

日本の建物の総延床面積は74万ヘクタールで、そのうち住居は約6割の44万ヘクタール。44万といえば山梨県と同じくらい。ほう、それくらいで入っちゃうのね。ちなみに全国のゴルフ場の面積の合計が約80万ヘクタールだから、単純にゴルフ場の土地を平屋建てのたてものにしてしまえば、日本のたてものはすべてゆうにまかなえてしまうことになる。なあんだ、本気になればできそうじゃない、とすこし明るい気持ちになるの巻。

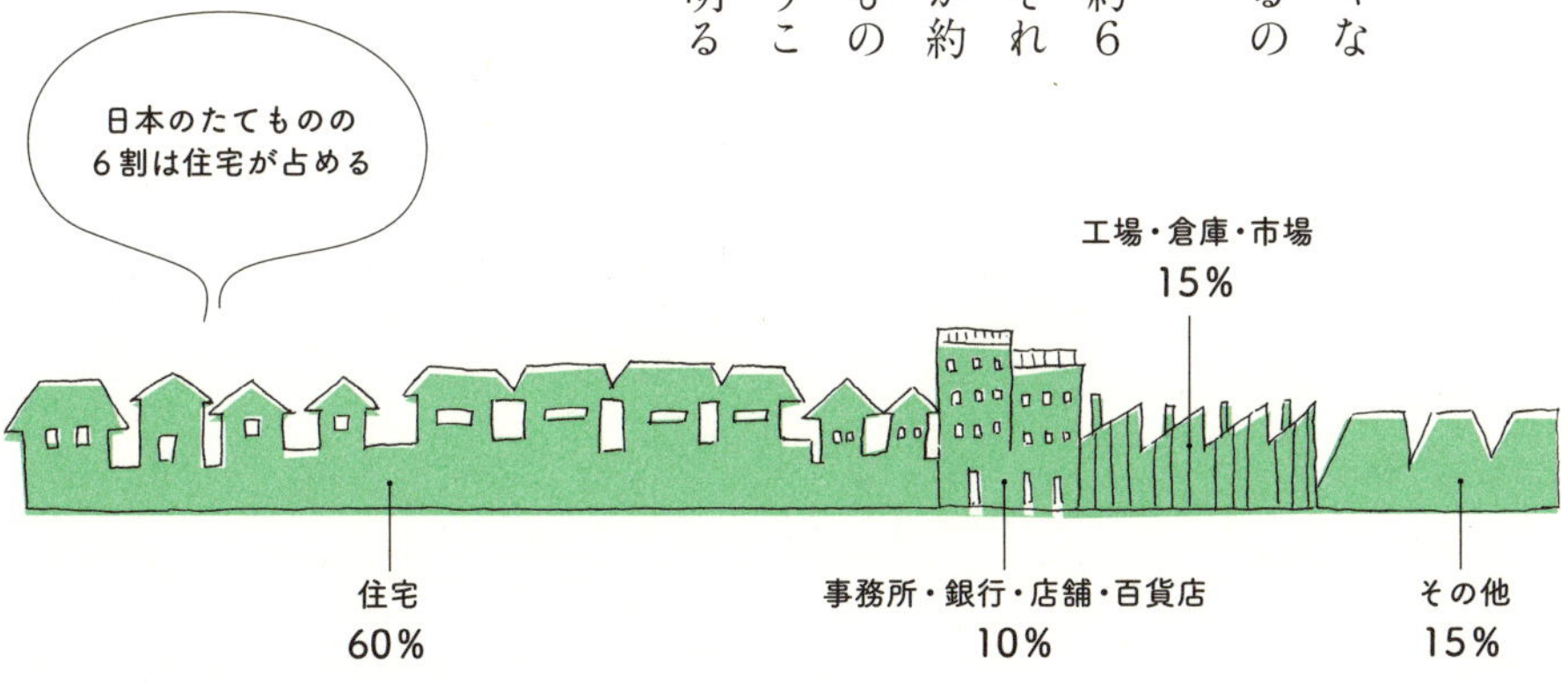

『国内建築物の用途別床面積の構成比（2010年）』

文化人類学者の石毛直道さんが推奨する「共食」という考えは、コミュニティの核として食事文化を再評価するという試み。食べものへの感謝の気持ちやつくっている人と食べている人の関係を育むばかりか、そこで生まれた「共食縁」が地産地消やまちおこしなどの地域の活性化や、少子高齢化など社会的な問題の解決策にもなりうるということ。ええと、つまりは「みんなで食べるごはんはおいしい」ということ。そうだよね、うんうん。

家族であろうと、恋人、友だち、同僚であろうと、一緒に食事をすれば生理的な行為以上の、いろいろなレベルでの「分かち合い」が起きる。ぼくは3人兄姉7人家族で育ったので、おかずの取り合いのないひとりっ子がうらやましいこともあったけど、いざひとりで食べるとなると、なんだかさみしいことも、こどもながらになんとなくわかっていた。分かち合うということは、

超おおきなお鍋でしかつくれない新しい料理を発明しよう。

取り分が減るということではなく、ひとりでは手に入らないものをみんなでたのしむということ。キャンプやお花見で、わいわい飲んだり食べたり、となりにいる知らない人たちともたのしくおすそ分けし合ったり、通り過ぎるおじさんに話しかけられたりすることを思い出すと、本来の人間の味覚というのは雑多で不純な環境のほうが、むしろ研ぎすまされるんじゃないかとすら思う。

平均世帯人数が減り、ワンルームマンションが増えた現在は、食事の孤独化がさらにどんどん進んでいるようだ。そういった習慣に違和感を感じなくなってしまった理由は、たとえばファストフードやお総菜が好きなときに必要な量だけ買えて、しかもその材料やつくった人、そのほかそれにかかわるさまざまな雑音をあえて忘れるように、食事そのものが不愛想にパッケージされているからではないか。

建築家は、この由々しき現実にいざ立ち向かわん。いろいろな人が集まって食べることのできる魅力的な食堂空間をデザインし、みんなでたのしくつくれるキッチンを発明して、会話がはずむとびきりのテーブルもほしいよね。そうなるとメニューも気になるなあ。料理は今日という日が1日しかないことを教えてくれるから、たてものと対極にあるような気がして、建築家はいつもあこがれるのです。

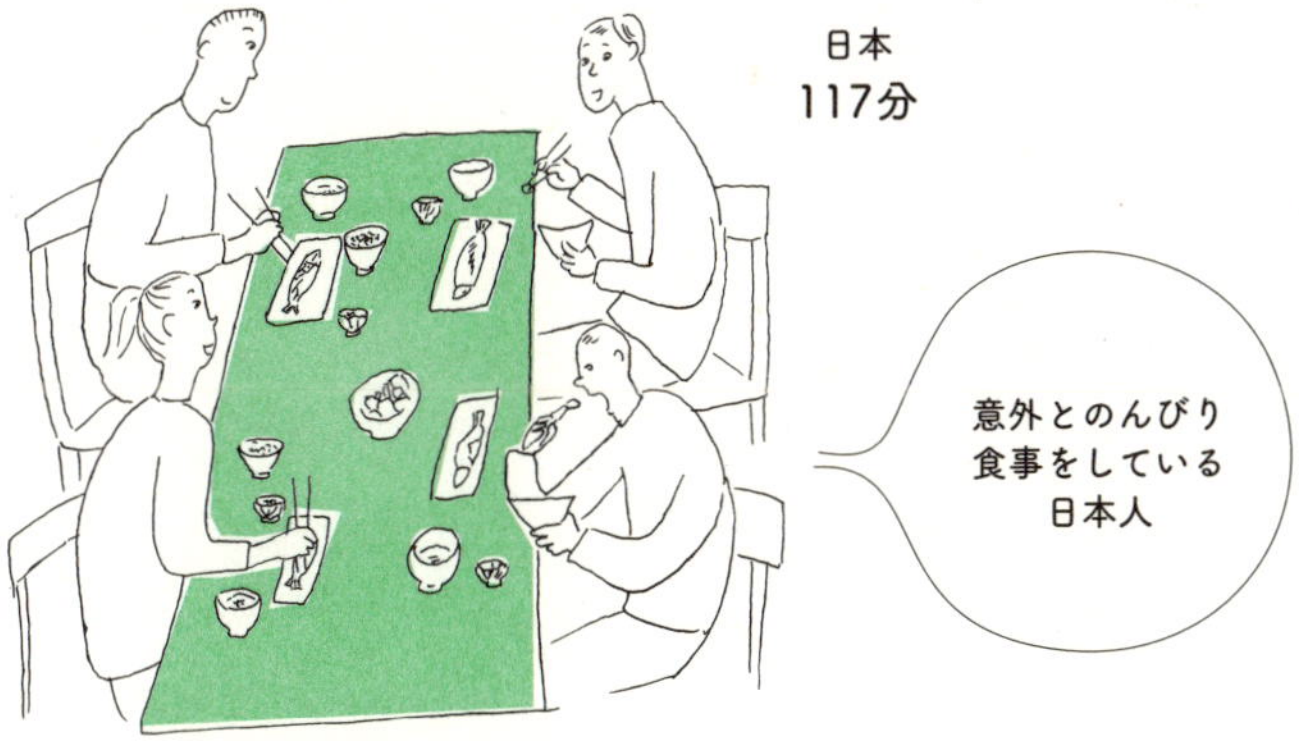

『1日あたり平均食事時間の
国際比較（2006年）』

注：対象は「eating and drinking」。
調理時間は含まない

近所に住んでる人の顔を
なるべくたくさん思い出して
似顔絵を描いてみよう。
そのうち何人の名前を
知っているかたしかめよう。

好きなまち、好きな場所は、と聞かれて答えるのは意外とたやすいけれど、じゃあ、自分が好かれている場所はどこか、と聞かれたらなんて答えますか。

場所から好かれるという感覚は、そこにいてもいい、とまわりから無言で認められているような状態かなと思う。「まわり」というのはそこにいる人たちのことで、でもいつのまにか入れ替わっていく会社の人や店員さんではなくて、いままでもこれからもずっとそこにい続けるような雰囲気の人。古くからそこに住んでいるおばあちゃんとか、ずっと商売をしているおじさんとか。認められるということは、ほかのだれでもないじぶんという存在が、たとえわずかでもその人たちの人生の背景になっているということで、同時にじぶんもその人たちを認め、じぶんの人生に迎え入れることだと思う。

目が見えなくてちょっと脳に障害があるおじさんとか、のらねこにえさをあげ続けるちょっとこまったおばさんとか、玄関の引き戸をあけて道行く人を観察し続けるおばあさんとか。ぼくのいえのまわりにも何人かの「いつもいる人」がいて、会釈くらいはするけれど、名前も素性も知らない。それぞれがそれぞれのルールにおいて、淡々と役割をこなし、知らないうちに居場所を見つけているような、ぬるま湯みたいな感覚。ぬるま湯ってなんだかよくないイメージがあるけれど、いえのほうに歩いてきて、今日もまたそういう人たちがいるときに感じる、あのぬるま湯感覚は、とても芳醇。

家族が一番大切
1973 年……18%　2008 年……46%

地域とのつきあいが大切
1973 年……35%　2008 年……19%

親せきとのつきあいが大切
1973 年……51%　2008 年……35%

職場でのつきあいが大切
1973 年……59%　2008 年……39%

『家族・地域・親せき・職場とのつきあいに対する意識の変化』

注：職場・親せき・地域とのつきあいは、「なにかにつけ相談したり、たすけ合えるようなつきあい」を望ましいとする人の割合

となりのいえの窓から
見えるじぶんのいえを
想像してみよう。

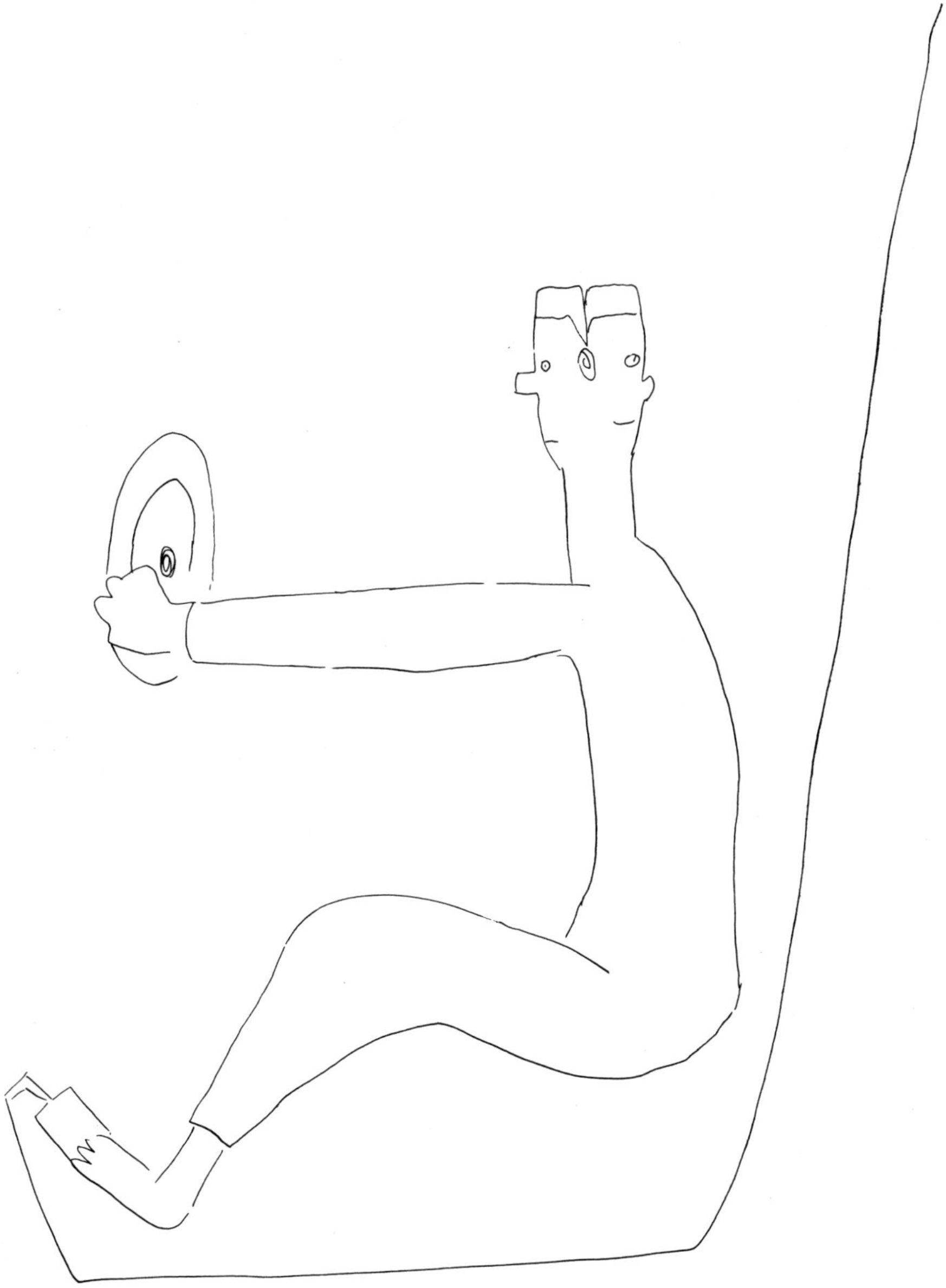

おしゃれや髪型が気になり始めた中学生のころ、じぶんが写っている写真を見てなにか変だなあと思っていたら、ふだん鏡で見ている顔と左右逆なことに気づいてびっくりした。ほんとうのじぶんの顔、表情や声、しゃべり方や振る舞いというのは、ぜったいに、なまでじぶんで見ることができないのだなあと気づいて、そのもどかしさに呆然としたのでした。

それからけっこう長い時間がたって、背は思ったよりのびなくて、最近はいろいろなところに肉がつき始めて、整髪料なんてここのところずっとつけてなくて、つまりは鏡を見る時間もめっきり減ってしまった。ああ、これがおじさんになるということなのかとも思うけれど、その代わりに、最近は人それぞれがみんなもっている別の美しさ、輝きのようなものを知ることができました。

工事現場には大工さんや左官屋さん、設備屋さんや電気屋さん、板金屋さんや塗装屋さん……といろいろな人が出入りして、しかもおなじメンバーということはないから現場のたびにたくさんの出会いがある。じぶんの仕事や役割に自信と愛をもっている職人は、いつも清く、美しい。どんなに使い古された作業着を着ていようとも、髪がぼさぼさ

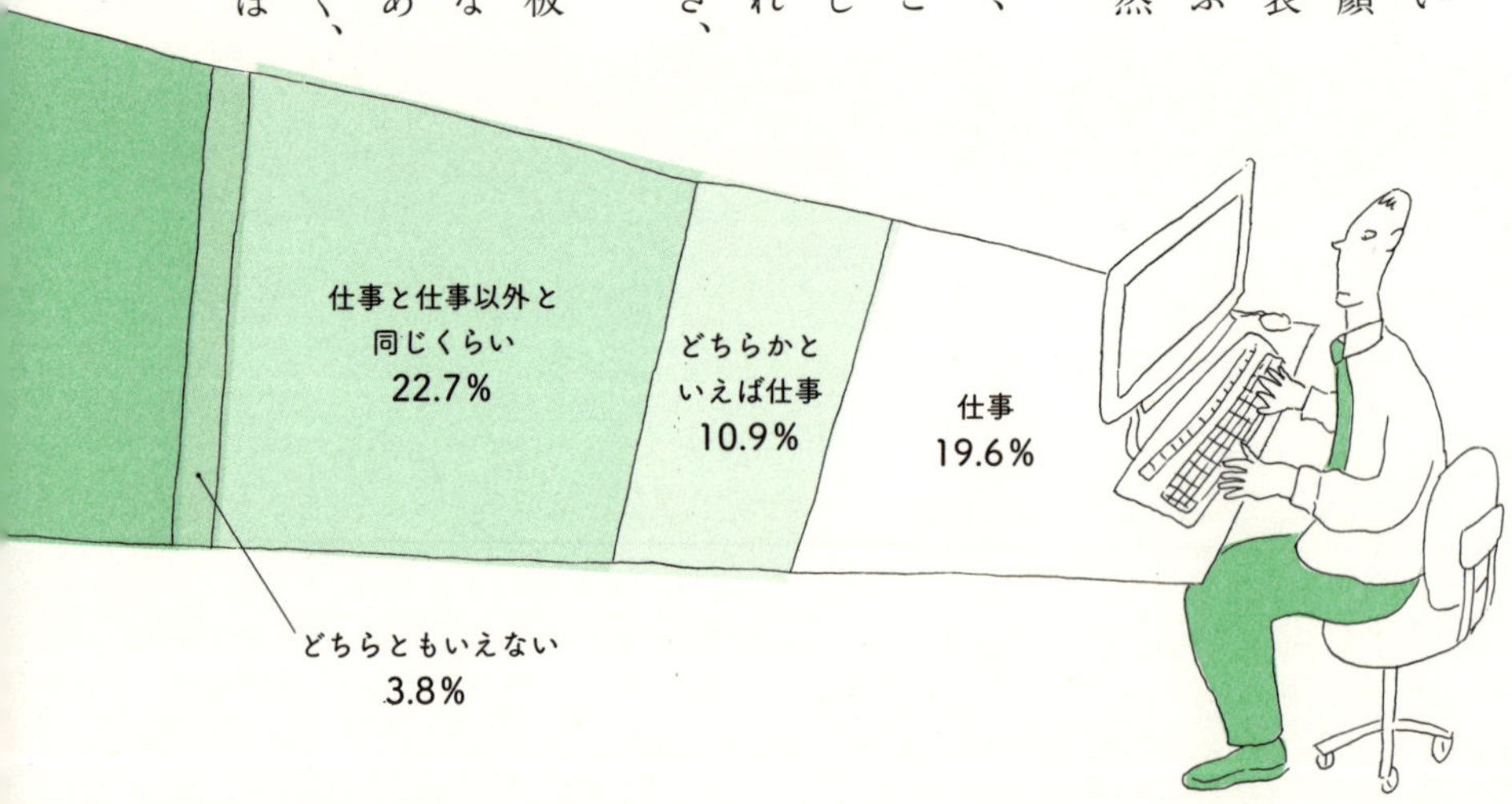

さで、顔にペンキがついていたとしても、じぶんのやっていることに対するシンプルな自負と責任感のようなものは、その人にしかできない輝きをきちんと与えてくれる。たまに、やる気のない会社員みたいな人や、役割の誇らしさをまだ知らない、若い子もいるけれど、そういった職人のまわりの空気は薄くにごっていて、すぐわかる。

働くということが、あそぶとか寝るとかの対立項になる前の、すな

日本人の多くが、
仕事以外のことに
生きがいを感じている
仕事以外のこと
28.4%
どちらかといえば
仕事以外
14.6%

『「生きがい」と仕事の関係(2010年)』

わち生きることとほとんどおなじ意味だったころの人たちがもつ、きらきらした輝きは、いまの社会ではとても少なくなってしまったけれど、少なくとも工事現場ではまだたくさん残っていて、そういう人たちの動きやことば、そして彼らがつくり出すさまざまなものは人の心と生活にちゃんとうるおいを与えてくれる。

会社の方針とか、上司の権限とか、目先の効率とか、そういったものに気づかぬうちにじんわりと縛られて、うす暗い重いものを知らず担いでしまっている人は多く、それはきっと、かんたんに言うと経済の重みなのだと思う。けれどもそういったものよりも前にある、真正さや創造性といったものは生来だれもが持っていて、損なわれるべきものではなかったのだ。心の内側の美徳や積み重ねてきた人生の構成のようなものを外に向かってきちんと発散している人は、ほとんど無条件に美しい。

おなじようなことを海外旅行から帰ってきて、東京のまちの風景を見て思った。ヨーロッパの古い建物も、東南アジアの田舎の民家も、その外観、つまりかたちや素材がそうであるべき必然性、のようなものにしっかりとくるまれていて、それは美醜を超えてまちにまとまりと安定を与えているけれど、現在の東京、というか日本でつくられるたてものの外観は、その家々の内側のくらしや文化をあらわしているわけではほとんどなくて、安くて組み立てがかんたんで汚れにくい、くらいの理由で決まっている。そのいえやそのまちで生活する人のためではなくて、別のだれかの都合によって、まちの表面が覆われている。石やレンガそっくりのパネルとか、木目が印刷された玄関ドアとか。じぶんのいえの外壁や屋根がなにでできているか、どうしてその素材でなければならないか、きちんと説明できる人がこの国にどれだけいるのだろう。

自意識という意味でなく、じぶんが住んでいるいえが、まちのなかでどう見えているか、周辺環境にたいしてどうかかわり、尽くしているかということを意識できるといいな。かたちばかりのデザインコードとか、協定とか、そういうことではなく、それぞれのたてものが、じぶんにしかできないやり方で、じぶんなりの正しさで、まちに働きかけるということが、あたりまえのようになってくれたら、どんなにいいかと思う。

店長とよびなさい

じぶんのいえで
お店を始めるとしたら
なに屋さんがいいか考えよう。

日本のサラリーマン人口はおよそ4400万人（2010年）で、労働人口が6300万人程度なので、働ける人の7割近くが会社勤めということになる。じゃあ江戸時代はというと、商人、農民は基本的には（土地を借りる小作人のような立場でさえ一応は）自営業のようなものだから、いわゆるサラリーマンというのは藩の下で働く武士だけで、これはおよそ20万人、人口の7％ほど。それ以外の多くの人は畑を耕し、工場で働き、商店でものを売って生活を営んでいた、個人事業主さんでした。

平均寿命が80歳を超えるわが国では、会社リタイア後の人生も長く、そういった人たちの多くは、いえにいることになる。いままで会社に通って朝から晩まで働いていた人たちがとつぜん、昼間から住宅街にとどまるようになる。趣味をたのしみながら豊かな余生を送る人もいるだろうけど、これからの社会では、定年時に十分な蓄えや年金が確保されていることはまずないと思う。であるならば、リタイア後に元気なお年寄りがもっともっとたくさん「自営業」を始めればいいんじゃないかと思うのですよ、ぼくは。

昼間の住宅地にいるのはこども、主婦、老人だけれども、人口全体

芸能人・タレント
10.3％

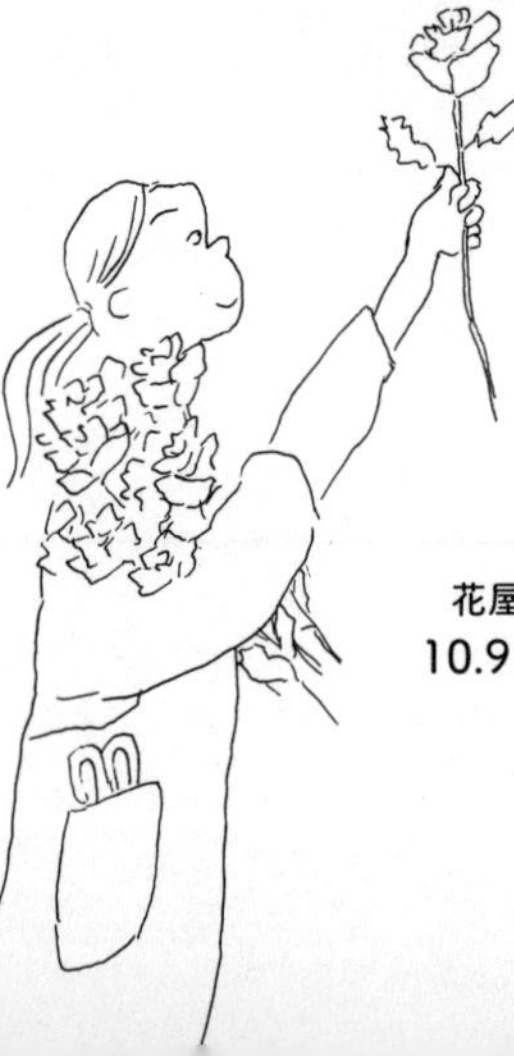

花屋
10.9％

に占めるこども＋高齢者の割合は、１９８０年ごろから上がり続け、２０５０年には50％近くなる。とすると、サラリーマンをリタイアしたら、家に閉じこもってごろごろするんでなくて、いえでちいさな商売を始めたほうがいい。おおきなもうけを確保する必要はないし、空いた時間だけオープンするようなお店でもいい。家事や孫の面倒を見ながらでもいいし、うまくいきそうもなければすぐ変えてもいい。漬け物屋さんとか習字の先生とか、植木屋さんとか。生活の延長線上でできて、ほかの人よりもちょっとだけうまくできること。そういう仕事でえるのは、たくさんの資本ではなく、人生のはりとうるおい、それとわずかなお金。

そうすれば、いえもいまとはちがう、まちにひらかれたつくりになるし、（というかそういうたてものが必要になってくるし）そういうものがたくさんできれば、まちももっともっと歩いてたのしい場所になるはずだ。

こどものころ、将来なにになりたいかを想像してわくわくしたあの感覚がよみがえるなあ。

ここ数年、ダントツ人気の職業はパン・ケーキ・お菓子屋さん
パン・ケーキ・お菓子屋
30.5％

『日本の小学１年生女子の「将来、就きたい職業」(2011年度)』

歩いていける場所に
ないものはなにか、
思いつくだけ
リストアップしてみよう。

うちのさくらはもうじき5歳になる雑種犬で、とにかく食いしんぼうで、落ちているものはひととおり食べようとし、あと若い男の人が大好きで、宅配便のさわやかなお兄さんなんかがおなかをなでてくれると、うれしさのあまりおしっこをもらします。1日2回、朝と晩にお散歩に出かけるのだけど、それはそれでなかなか面倒で、できることなら、なにかのついでに散歩を、いや散歩のついでになにか用事をすませたい、と思うことがしばしばある。

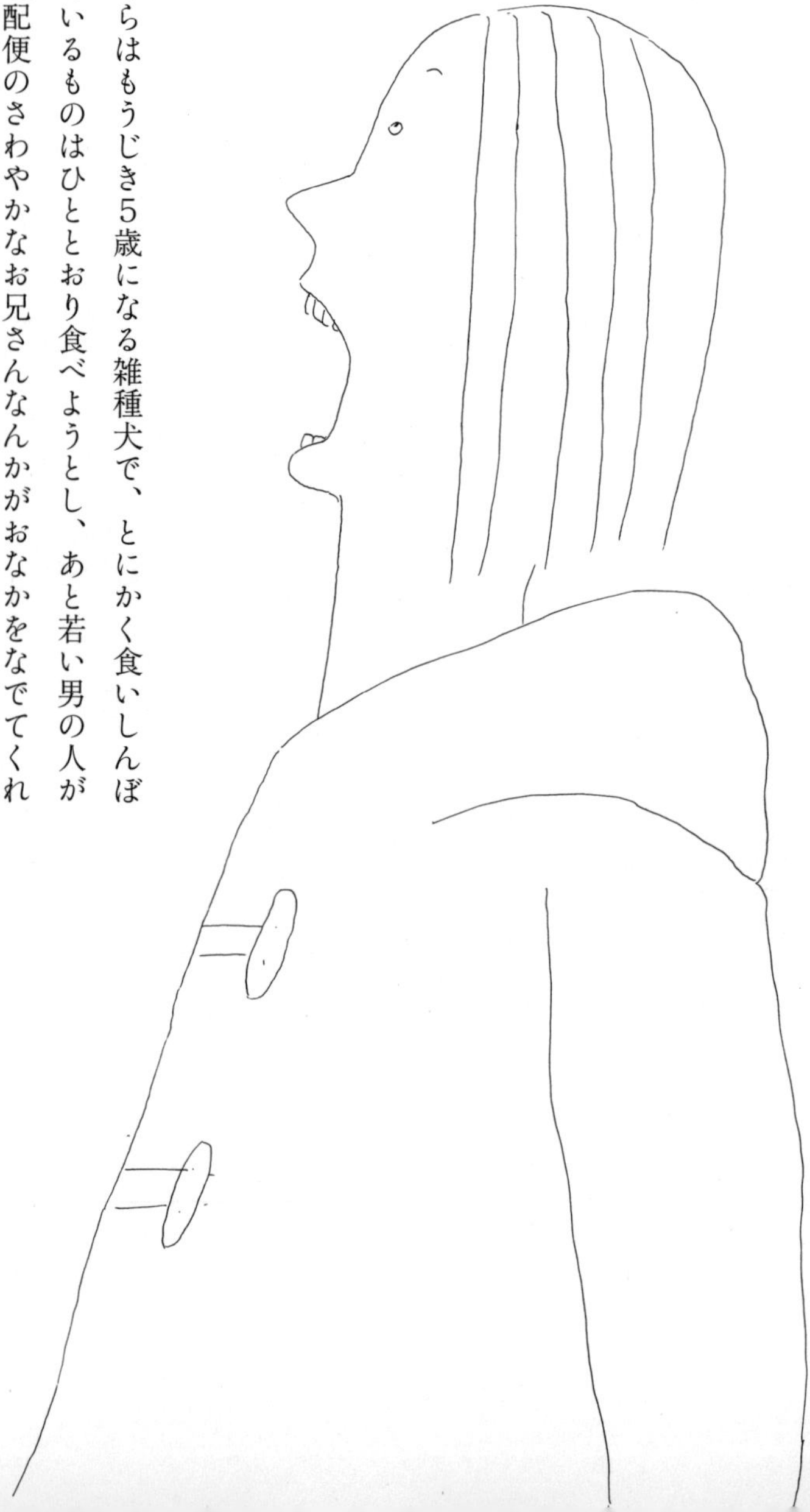

八百屋さんとかお肉屋さんとか、対面で買えるような場合は大丈夫。リードを握ったまま用を足せるから。郵便局とかクリーニング屋さんなんかはちょっと心配だけどまあいいかな、と思う。待ち時間にもよるけれど、「いい子で待つように」と念を押してそばのガードレールに結びつけておく。すると「え？　なんで？　お散歩じゃないわけ？」という目で店内の飼い主をガラス越しにじっと見つめ、視界から消えると不安そうにおろおろする。そんな感じなので、スーパーは残念ながら無理。

そういう目線でまちを歩くと、犬連れで用を足せるような商店街は、ぼくがこどものころと比べてずいぶんと減ってしまった。八百屋さんのあとに薬屋さんをまわって、最後にクリーニング屋さんに寄って帰ろう、という感じじゃなくて、くるまで大通りのスーパーに行って、1箇所でぜーんぶ買い込んで荷だくさんになって帰ってくる、というパターンが増えてしまった。結果的に、スーパーはどんどん大型集中化して、広大な駐車場とともに幹線道路わきなどに立ち並んで、まちの中心の商店街は衰退していく。そしてさくらまでも、くるまで城北公園のドッグランに運ばれることに。

フランスの
お年寄りは
よく歩く

フランス……70.4%

日本……46.4%

アメリカ……35.6%

交通が発達して人間が遠くへかんたんに移動できるようになると、まちは整理されていって、働く場所、住む場所、憩いの場所、というように、はっきりと分節されていった。ル・コルビュジエは自動車交通が導く機能的で清潔な都市を描き、フランク・ロイド・ライトは自家用ジェットで移動する新しい田園生活を妄想した。技術がもたらす明るい未来社会が疑いなく信じられた、幸福な時代だった。

人間をきゃべつやトイレットペーパーみたいに好きなときに好きな場所へ運べば効率がいい、というふうに考えるのなら、近代の都市計画は理想的だ。けれども人間は完全には「もの」にはなれなくて、移動する過程での風景を楽しんだり、とつぜん思い立って途中下車したり、ときにはあてどなく放浪する散歩があったり。そういったいろんな不純さを許容する、かまえのおおきなまち、どこまで拡大しても荒さの見えない複雑さをもった風景のほうがやっぱり魅力的だ。

人の動き方や交通手段から都市を分析するパーソントリップ調査によると、大都市ほど1回の移動所要時間は長くなり、自動車移動の割合は現在も増え続けているという。いろいろなものが集まっている便利な都市ほど、逆に移動に割く労力が増えているというこの矛盾。

『高齢者が利用する交通手段のうち徒歩が占める割合の国際比較(2010年)』

注：各国60歳以上の男女が対象(施設入所者を除く)。「ふだん、外出するときになにを利用するか」という設問に対する回答(複数回答)。フランスは2005年のデータ

たとえばひとりあたりの公園面積を比べてみると、東京は4畳くらい、パリの半分で、ロンドンやニューヨークの5分の1しかない。都市の中心部には生活に近い大きな公園があることが多いけれど、東京にはそういった場所はほとんどなくて、でもふしぎなことに外国人が東京にやってくると、緑の多さにおどろく。というのも東京は、セントラルパークのような大規模な緑地が少ない代わりに、お寺や神社、街路樹や植栽、軒先に置かれた植木鉢のような、ちいさくこまぎれにされた緑がとても多いのです。航空写真で東京を見下ろすと、それがよくわかる。

日本の自然の風景は本来多様で繊細なものだ。ちいさな島国のなかにさまざまな気候の層がこまやかにちりばめられたような美しさで、そういった微妙さは素晴らしいと思う。だれが見ても感動するような、圧倒的でスケールのおおきな風景というよりも、目や耳をよく開いて、

1日何本の木を見たか、かぞえながら生活してみよう。

注意深く観察すればするほど、際限のない奥行きに引き込まれるような艶やかさで、素朴で力強い生命力が、まるでオーケストラみたいにたがいを引き立て合いながら共存している。これは日本独特のものだ。

そしてそういったこの国のもつ自然の細やかな美しさは、たとえ東京のような都市でもしっかり息づいている。かつてそこにあった自然の名残だけでなく、みちのすきまにひっそり生える雑草や、なにげなく置かれた植木鉢のようなものでさえも、その葉の生い茂り方とか花の咲き方はひとつひとつがしっかりと日本的なのだ。名もなき植物たちが、太陽や水だけでなく、ビルの影とかくるまの排気ガスとかそういったこともまとめて引き受けながら、なお失われない植物としての生。そのふところの深さ。こういうさまを見ていると身のまわりのなんてことのない木や草も、なんて感動的であることよ。

人間の都合なんかおかまいなく、植物たちは植物たちの都合でたくましく生きている、という野太くも精妙な東京の緑の生命力は、むしろとてもいいと思う。

東京で暮らすひとり
あたりの公園面積は、
だいたい畳４枚分

東京（2002年）……6.79㎡

パリ（1994年）……11.8㎡

ニューヨーク（1997年）……29.3㎡

『人口ひとりあたり公園面積の国際比較』

電線を綱渡りして
あの子のいえまで行けるか
たしかめてみよう。

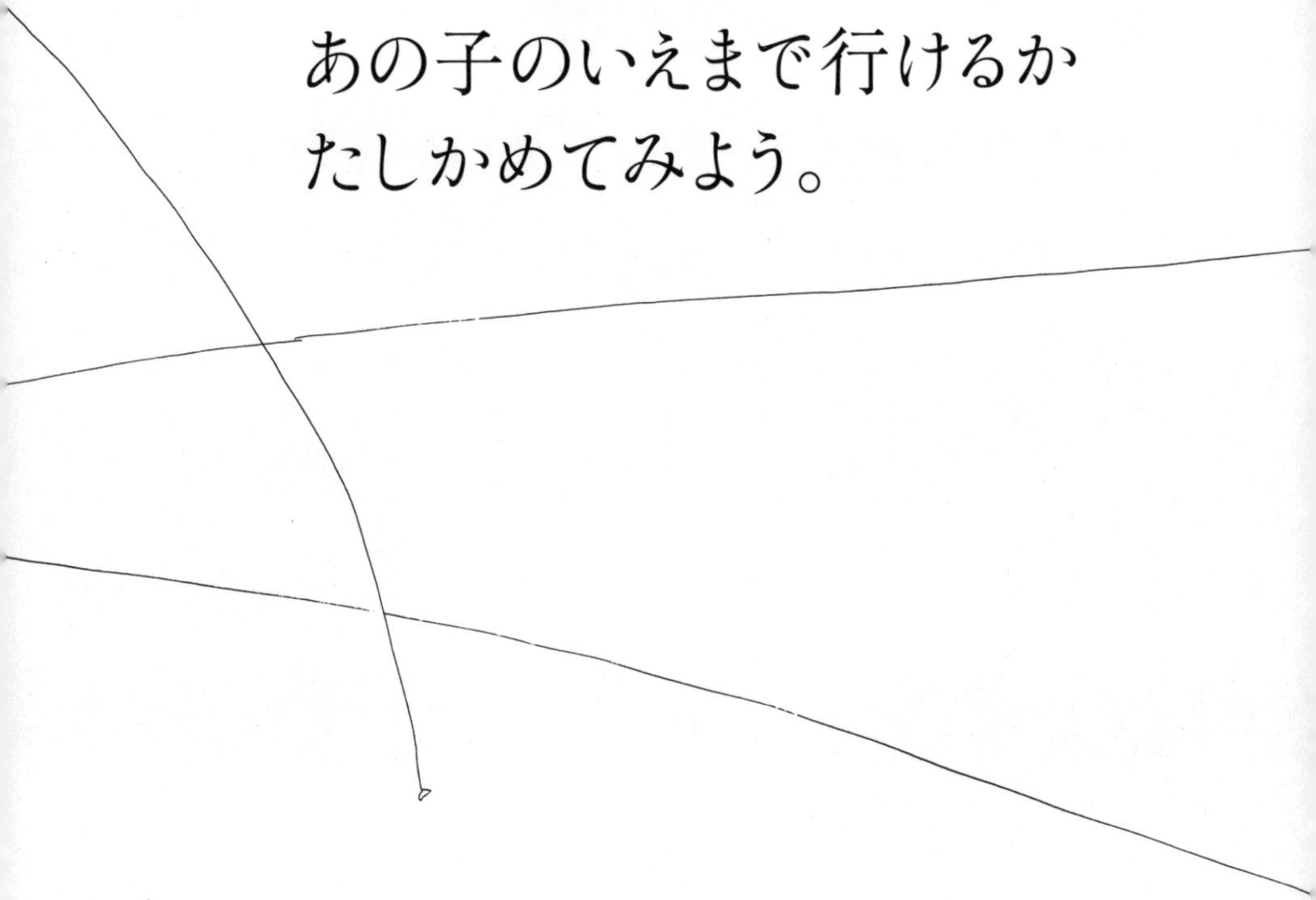

たとえばひらがなの「む」という文字をずーっと見ていると、だんだんそれがふしぎな図形のように見えてきて、さらに見ていると、なんでそれが「む」なのかもよくわからなくなってきて、そのうちにすごく変なもののように見えてきて、気持ちわるくなったりする。おなじように、外を歩いて電線というものが気になって、電線だけに注目してきょろきょろしていると、その量と無節操さに圧倒され、なんだかまちというのは思っている以上に電線だらけ、いやむしろ電線のすきまに人間がくらしているのではないか、と思ってぞわぞわしてくる。

ひとことに電線といっても、じつは電気を運んでいる以外にも電話線やネット回線などもあって、それらが複雑にからみ合いながら家々に飛び込んでいく。まちの美観に意識的な先進諸国は早くから電線が地中化されたし、社会主義国ではインフラ施設としてガスや水道などと一緒に国が管理するため、一括して地中化されることも多く、日本ほど電線が飛び交う国は、意外とめずらしい。

架空《がくう》（つまり空中の電線）は地中に比べて（維持管理も含めて）格段にコストが安く、また地震が多くたてものが短命なこの国では、むしろそのほうが合っている、という見方もあり、最近では電線のある風景こそが日本的である、と肯定的にとらえる動きもあるようだ。こういうことを聞くと、人間の順応性の高さに、おどろきを超えて感動すら覚えるなあ。ということは、電線とおなじように知らないうちに慣れてしまった「ぞわぞわ」はこの世界にじつはもっとひそんでいるんだろうね。

ただそこで気づいたのは、電線ばかり見て気持ちわるくなるあの気持ちは、単なる見苦しさというよりも、その存在があらためてぼくたちのくらしというものを象徴していることに対する気づき、からくるのだということ。すべての家がライフラインにつながれ、それによって養われ、生きながらえているという危うさ。電線をたどっていけばすべてのたてもの、すべての人の居場所へと続いているという乾いた絶望感。そしてそれらの電線はやがて束ねられ高圧線となって、野を越え山を越えどこか遠くの発電所へと続いているという、着地できない罪悪感。

空中だろうが地中だろうが、回路に組み込まざるをえないという点ではおなじだけれども、そういったことが象徴的な風景としてあらわになってしまうこと、そしてそれが世界を覆うことへの無頓着さに、軽いめまいを覚えてしまうよ。そして気持ちわるさとはむしろ、ぼくもみんなも、どこか遠くでつくられたエネルギーによって生かされているのに、遠くのその場所の事情をまったく知らないばかりか、むしろそういったことに対する想像力を失っていたじぶん自身に対する、気持ちわるさだったということに、いまさらながら気づいて唖然とするのです。

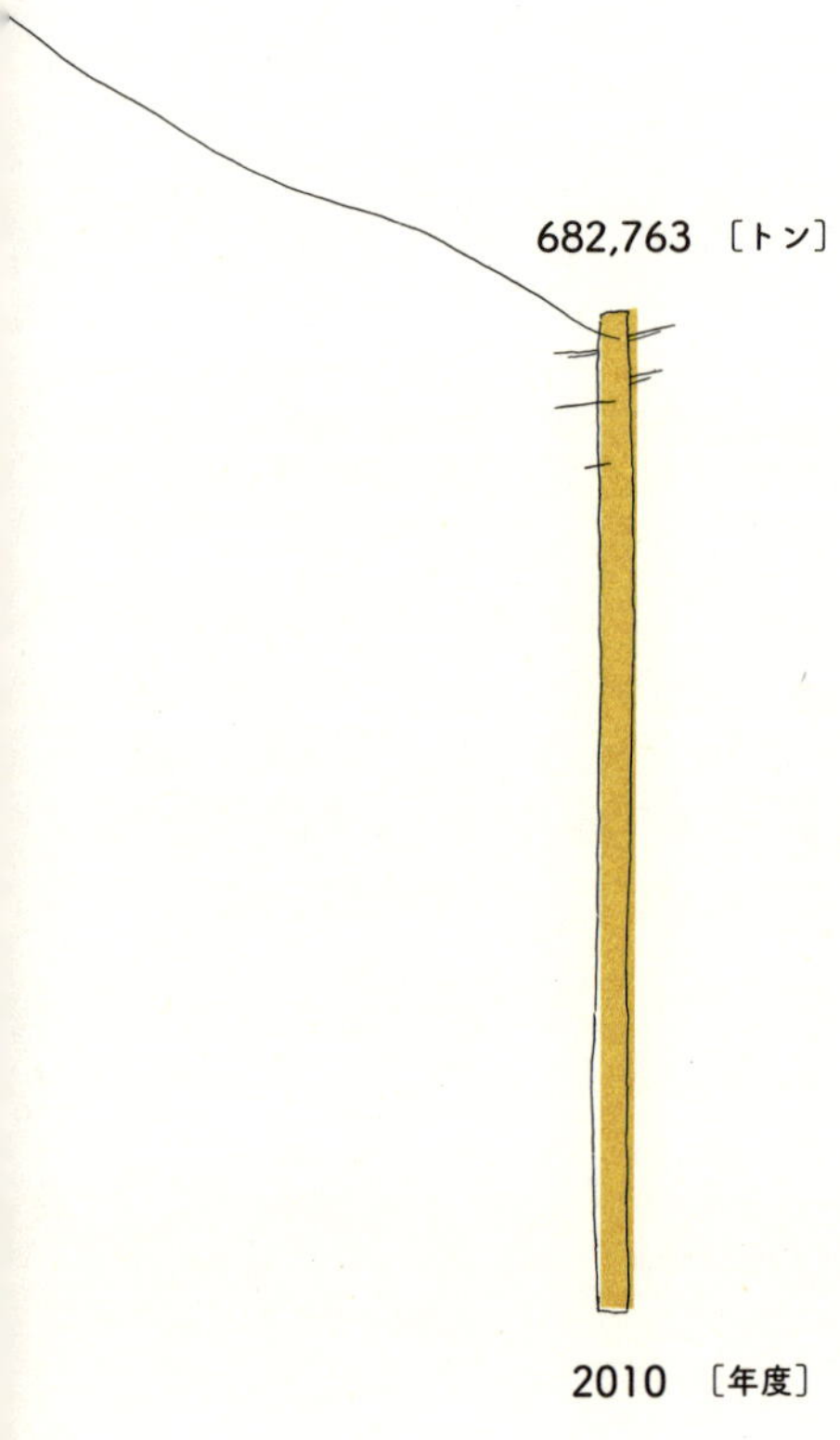

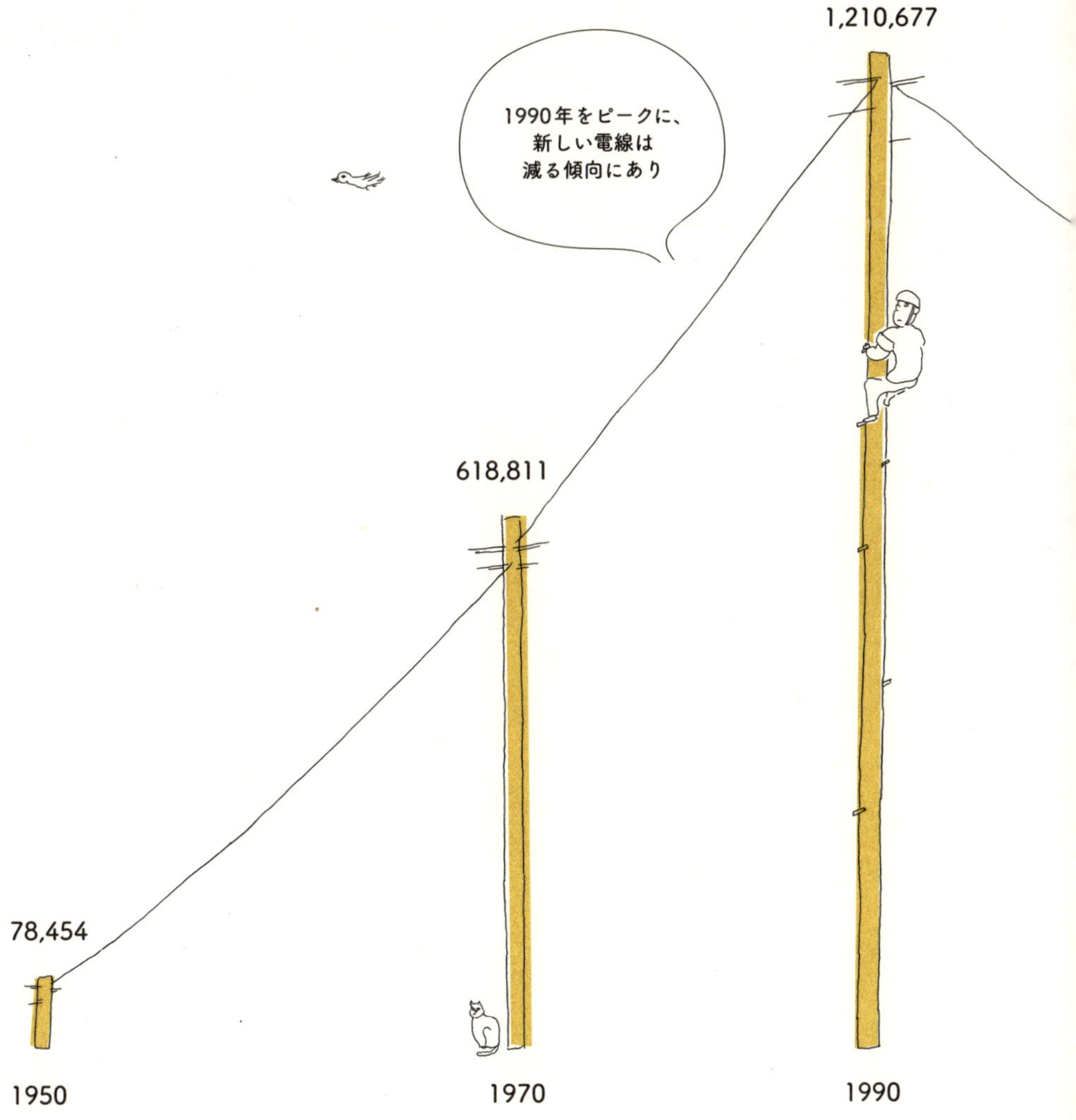

『銅電線出荷量の推移(日本全国)』
注：一般社団法人日本電線工業会統計

自分がねこだったら近所のどこで昼寝するか考えてみよう。

ぼくが住む借家は築60年以上の2階建て長屋で、表通りから家のすきまをてくてく歩いた、突き当たりにあるいわゆる「既存不適格建物」で、いまの法律に照らし合わせると、一度壊したらもう新築できない場所です。北側も南側も、車の入れない路地に面していて、風はよく通るし、お風呂が台所の勝手口から出た外にあるという、なんともなつかしいつくりでワイルドな風情がある。2階建ての木造のいえは、四角い中高層マンションとちがってかなりでこぼこしているし、木や土や雑草や虫やらが、東京とは思えないほど、もそもそひしめき合っているので、なかなかよろしい。そして当然のようにのらねこもたくさん集まってくるのです。

家のなかにいると、屋根の上にどすん、って着地したり、台所の裏あたりをがさがさと通り過ぎたり、夜中になにかを必死に請うような

鳴き声、うめき声が聞こえたりと、なにかとノラさんたちの気配を感じながら日々生活しているのだけど、彼らは居場所を見つけるのが感動的にうまい。暖かい日差しを存分に味わえる屋根の上や、風雨をしのげる外階段の下。犬が追ってこられない塀の上や、たまにミルクをくれるおじいさんのいえの窓先。世界の環境とじぶんの欲望をぴたり橋渡しをすべく、観察しながら動きまわって立ち止まり、また動く。

針葉樹

ヨーロッパ……7種18変種
北米（東部）……13種30変種
極東（中国・日本）……26種100変種

広葉樹

ヨーロッパ……30種60変種
北米（東部）……110種220変種
極東（中国・日本）……150種400変種

『森林樹種数の国際比較』

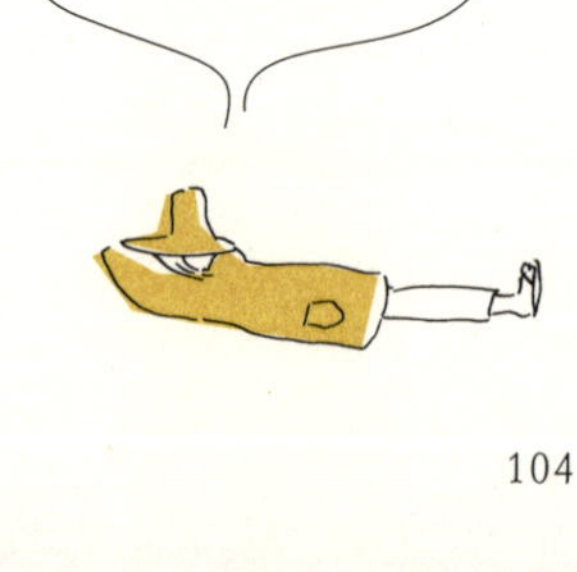

こういう能力って、動物が本来もっているはずなのに、人間はまったく失ってしまっているよね。むかしの人たちは地形や気候を読み取って、「ここに村をつくろう」「ここは危険だからやめよう」って決めて、子孫たちにもそれを伝えて受け継いできた。でもいつのまにかそういう考えは見えなくなって、どこかの開発企業が小ぎれいにパッケージした土地に、なにも知らずに住んでいるというのが、いまのぼくたちです。人間はじぶんのまわりの環境を征圧する技術と引きかえに、みずから動いて快適な環境をさがす、という能力を失ってしまったよ。間取りとか何階とかセキュリティとか、そういったことで不動産の価値やイメージがつくられていくのは、やっぱりおかしい。いえやそのまわりには、四季折々こんなに多様な風景がある、というじぶんだけのちいさな気候風土と、災害のときはこの場所は危険である、ここは本来人が住む場所ではない、という知恵はじつは地続きだと思うし、それはむしろぼくたちひとりひとりがもっているべき見識なのだと思う。力まかせに周囲の環境をじぶんに合わせるのではなく、快適な場所へみずからが軽やかに移動する身がまえ。ねこの生き方は人間よりよっぽど快楽的で官能的。

家の壁のなかでは
水や電気やガスが
ぐるぐる流れていることを
想像しながら生活してみよう。

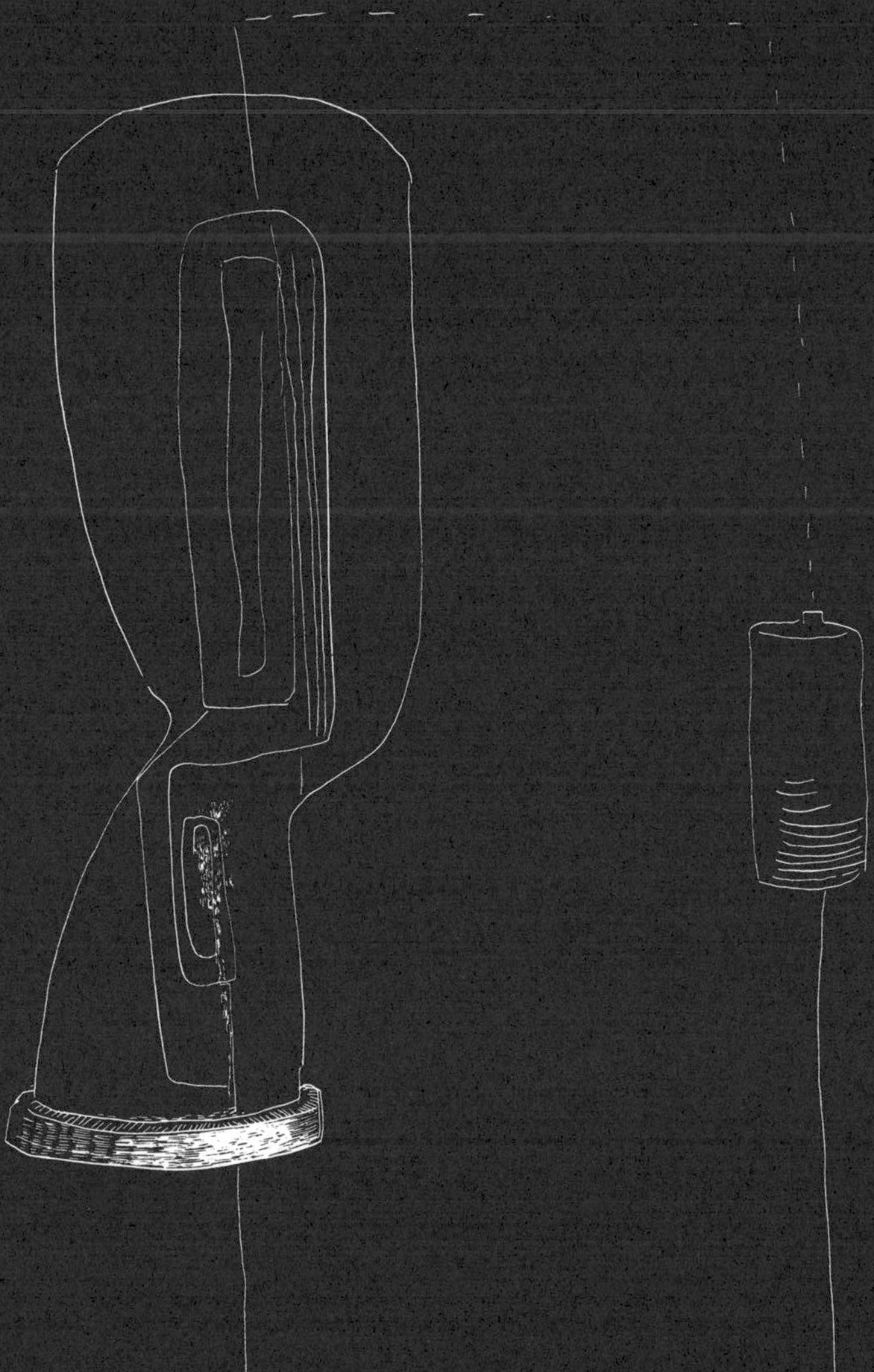

文明や技術の進歩によって、なにかができるようになるとき、それは大きく2段階あって、最初は単純になにかができるようになること。次はそれがあたりまえで、だれも気にもとめなくなっていくことだ。新しいイノベーションに、最初はおどろき、便利さに感動したとしても、人はすぐに慣れて、その存在すらも忘れてく。いえにいながら、蛇口をひねれば好きなだけ水が使えるようになったその日を想像してみよう。その瞬間の感動、おどろき、そして歓喜にわく人たちの顔。そこまでの興奮をぼくたちは味わったことがあるんだろうか。

いえの高性能化は進み、たてものは現在、ますます複雑なシステムとなっている。そしてそういった複雑さは、知らなくてもいいこととして、そこで生活する人びとの日常からは遠ざけられていく。こともなげに達成されること、裏方は影をひそめておくということが、現代社会の豊かな生活の仕組みなのです。

たとえばいえの壁のなかには構造体の柱や壁以外にも、断熱材や吸湿材、防水材や外装材など、それぞれ別の役

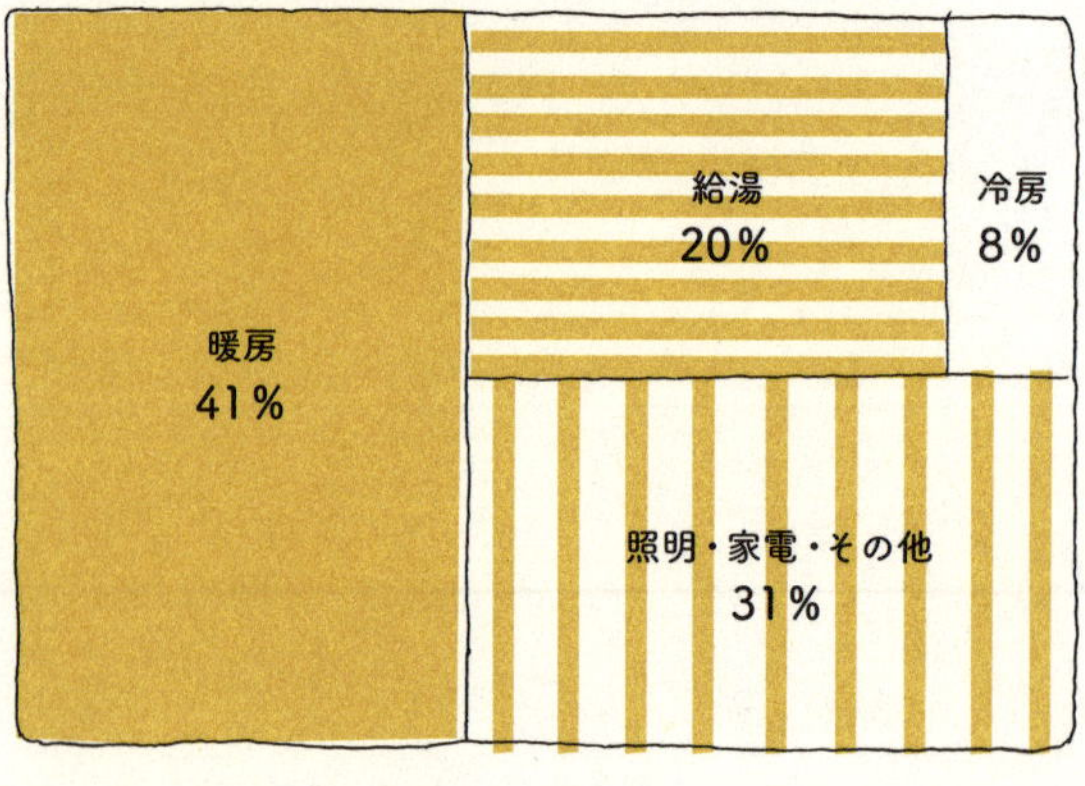

割をもった幾重もの材料がミルフィーユ状になっているし、その合間をぬって電気やガス、水道、電話線やインターホン回線、インターネットの回線などがめぐっている。毛細血管みたいな流れたちは、外から見てもまったくわからないけれど、休むことなく流れ、ぼくたちの生活をサポートしている。デザインはともかくとして、性能的には日本の住宅はこの100年で大きく進歩した。

ただの壁、音も振動もしない壁の内側で、たくさんのエネルギーが脈々と流れ続けている。そしてその先の先にはどこか遠くの場所の巨大な発電所や資源採掘場がうなりを上げている。なにかが便利に変わることにあこがれ、喜ぶ人はたくさんいるけれど、それがもたらす本質的な変化、それによって失われるものを正確に理解している人はとても少ないと思う。

目に見える部分の裏側とか、内側とか奥とか。見えないということと存在しないということを、いつのまにかおなじだと都合よく思っているじぶんは、いやなやつだなあと思う。

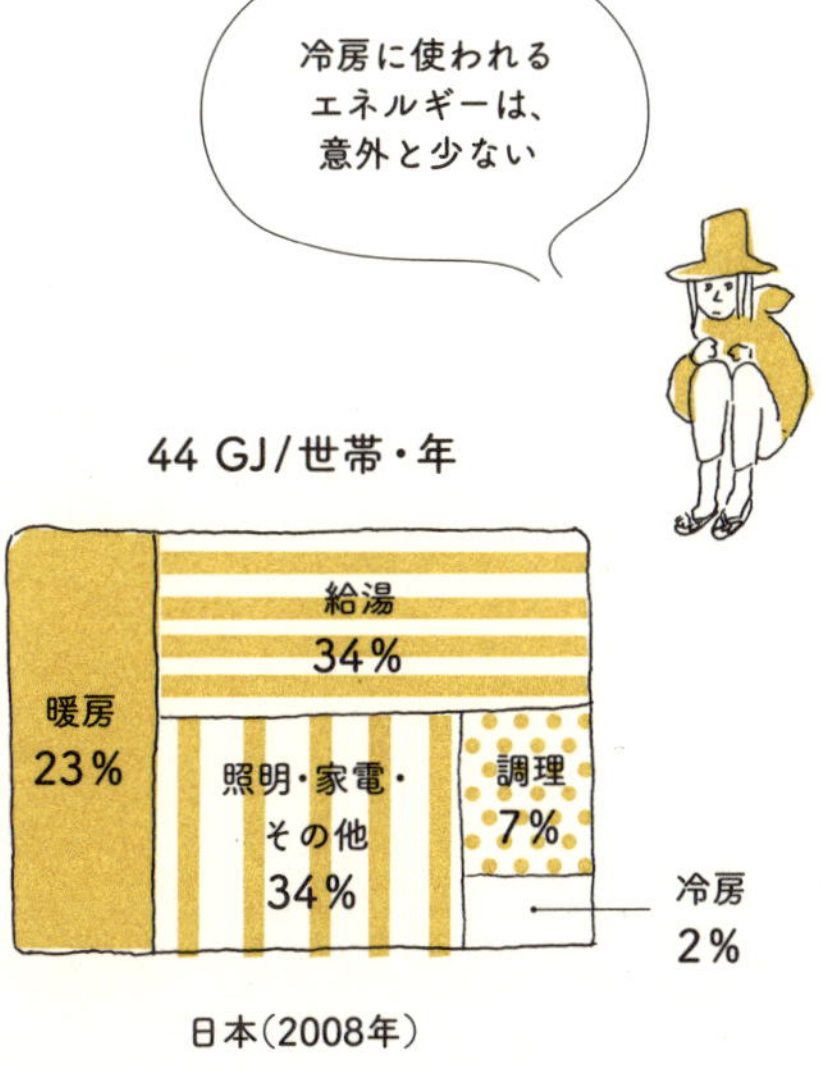

『日本とアメリカの用途別エネルギー消費量』

注：日本は2人以上の世帯。日本の「調理」は暖房・給湯以外ガス、LPG分であり、調理用電力は含まない。アメリカの「調理」は「照明・家電・その他」に含まれる。住環境計画研究所が各国の統計データをもとに作成(2010年)

パジャマとサンダルで
いえからどこまで
離れられるか挑戦しよう。

火事とか事故とか、そういった緊急事態に近所からぱらぱらと人が集まってくるとき、夜遅くともなればパジャマの上に1枚羽織る程度、といった出立ちで、ふだんは目が合っても気づかないふり、みたいな感じなのに、そのときばかりは「なにがあったんですか」とか「けが人はいるんですか」などと腕組みしながらひそひそ話をする感じ。あれってなんだか気持ちわるいなあと思うのだけど、でもそのときの不

中野区
19,165人/㎢
東京23区で
人口密度がもっとも
高い中野区、もっとも
低い千代田区
千代田区
4,170人/㎢

『東京都中野区と千代田区の人口密度（2012年）』

思議な連帯感というか、無防備な姿ならではの共存意識のようなものを感じて、じぶんが当事者でないこともあって奇妙な団結感を感じることもあるよ。

スーツやお化粧を捨てて、何者でもないじぶんに戻る恐怖と快感は、近隣コミュニティにとって重要な課題だと思う。昨日まで毎日会社に行っていたお父さんが、リタイアを境にある日突然、ダサい普段着でまちを歩いている唐突さというかほほえましさというか。いいまちというのはそういったことを、自然と受け入れていく感じなのだろうなあ。たとえば高円寺とか谷中とか、そういった場所だったらまち自体がなんとなく受け入れてくれそうな気もするけれど、汐留とかだとちょっと躊躇《ちゅうちょ》する。

じぶんがくらすまち全体が、おおきないえのような感覚で、少なくともそのなかを歩きまわるときは、そんなにおしゃれしなくてもいいし、サンダル履きで、財布なんかもたなくてもまあなんとかなる、くらいの感覚で生きていければ幸せだな、と思う。お金がたくさんなくても生活すること自体がたのしめて、ほっとしたり安心したりできる大切さ、ということを火事のときに気づいてしまうのは皮肉。

おとなとくるまが
絶対に入れない
こどもだけの王国は
東京のどこにあるべきか、
検討してみよう。

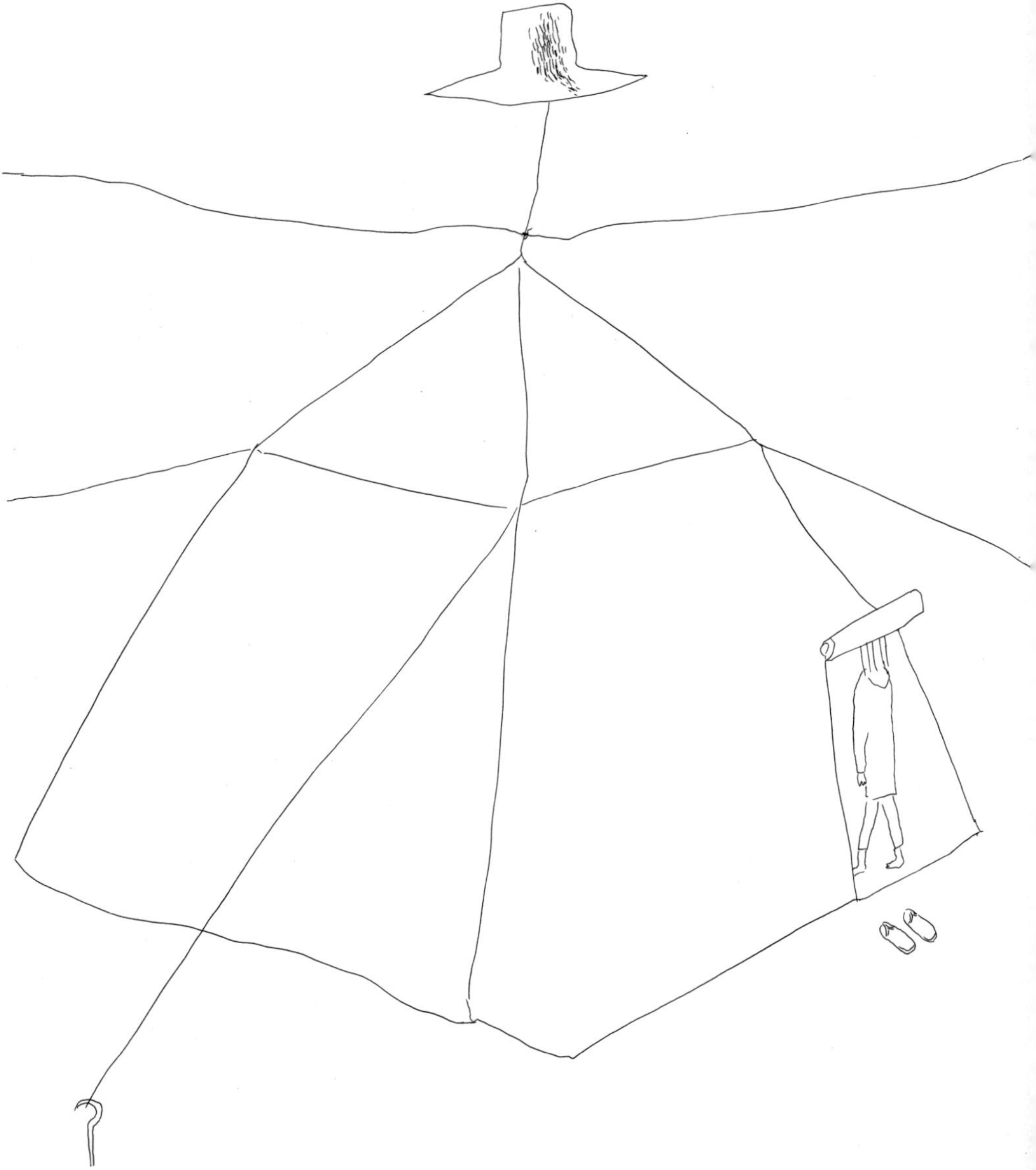

建築家で批評家でもあったロブ・クリエは、17世紀以降のヨーロッパのあらゆる広場や街路を分析し、20世紀の都市空間を貧しいものにした要因として、自動車をあげた。排気ガスをまきちらしながら猛スピードでまちを駆け抜ける自動車は大通りのカフェをすすだらけにし、馬車が行き交っていた曲がりくねった小径《みち》や階段は、広くて危険な車道にすっかり置き換わってしまったことを嘆いた。

現在の日本の状況も基本的にはおなじだ。駅前までくるまが入れるように、と車道やロータリーを無理くり通したまちはおおよそ衰退して、幹線道路に大型スーパーやチェーン店が並ぶだらしのない風景をつくってしまうし、数少なくはなってきたものの、いまだに活気にあふれ人が行き交う場所というのは、くるまが入れない入り組んだ場所が多い。日本中にこれほどまでにたくさんの悪例が生まれ続けて、いまなおどうしてこういった開発が続けられるのか、まったく理解できないけれど、おそらく言い分としては搬出入のトラックとか、観光バスとか消防車とか、あるいはどこかとどこかを結ぶ太い道路を貫通させなくちゃいけない、とかそんなことだろう。効率とか資本とか、そういった数値化しやすいものの犠牲になって、数値化しにくい場所の

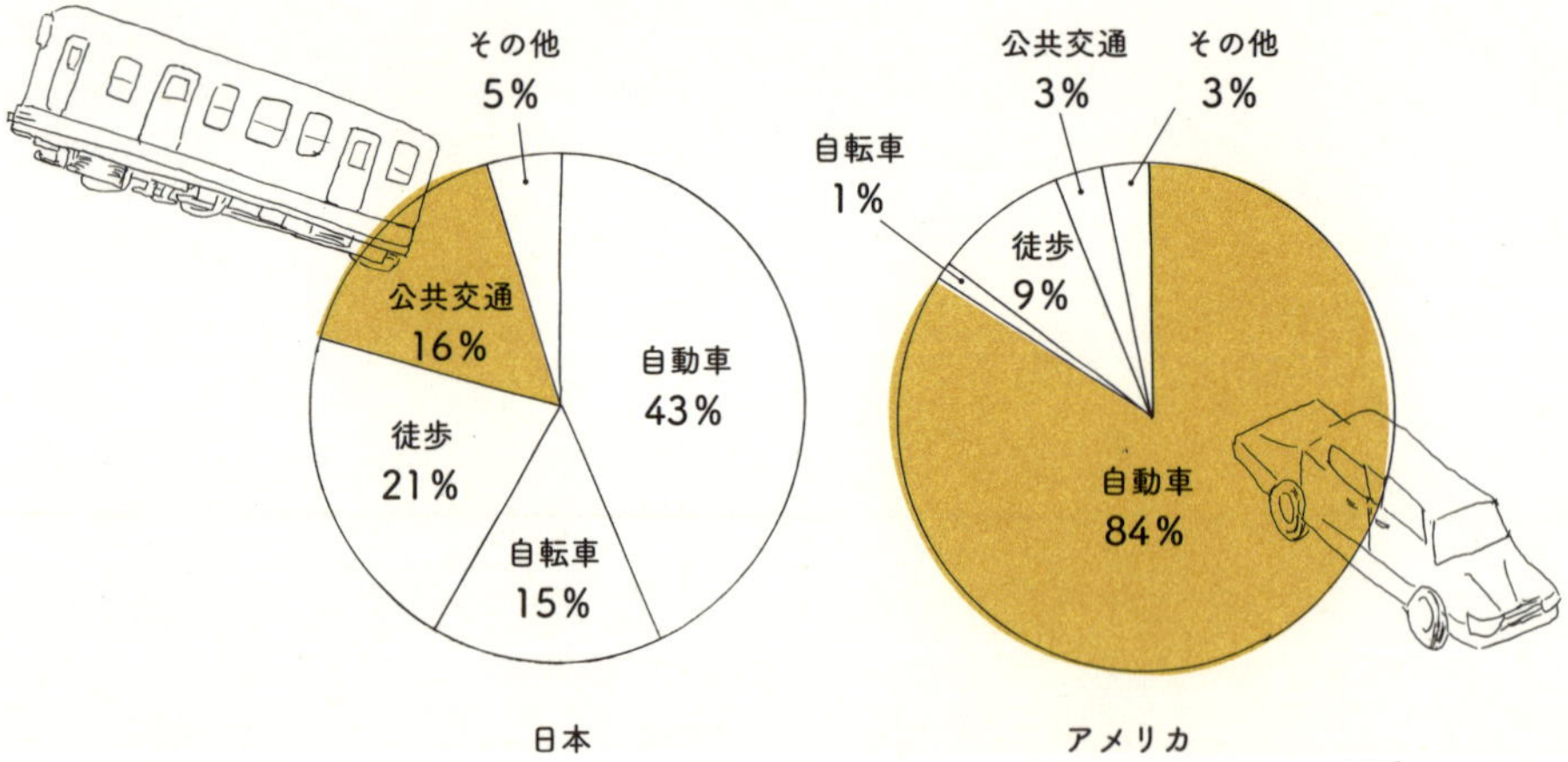

豊かさはどんどん失われていく。
新しい技術が企業や資本といったもののためでなく、まちの豊かさや生活のたのしさに、等身大で実感のある幸せのために、もっともっと活用されるべきだと思う。小ぶりで小まわりがきいて、段差やでこぼこも得意なスーパーリアカーとか、火災時に消火の拠点となり、ふだんは憩いの中心となる未来型井戸システムとか、觔斗雲《きんとうん》みたいに呼べばぱっとやってきて、好きなところで降りられる乗り合いバスとか。新しい技術に合わせてまちを痛々しく変形させていくのではなくて、いまあるたのしさや豊かさを損なわずに、毎日のくらしを充実させていく方法を編み出すことに、すぐにシフトすべきだよ。

みちはその生い立ちから見ても、移動経路である以前に、人が立ち話をし、こどもがあそび、お年寄りがひとまず腰を下ろす場所であり、部屋のなかから連続するいえの一部のような場所にもなる。だからこそ20世紀につくったたくさんの道路を、いまもう一度見返して、いきいきとしたみちへとデザインしなおそう。

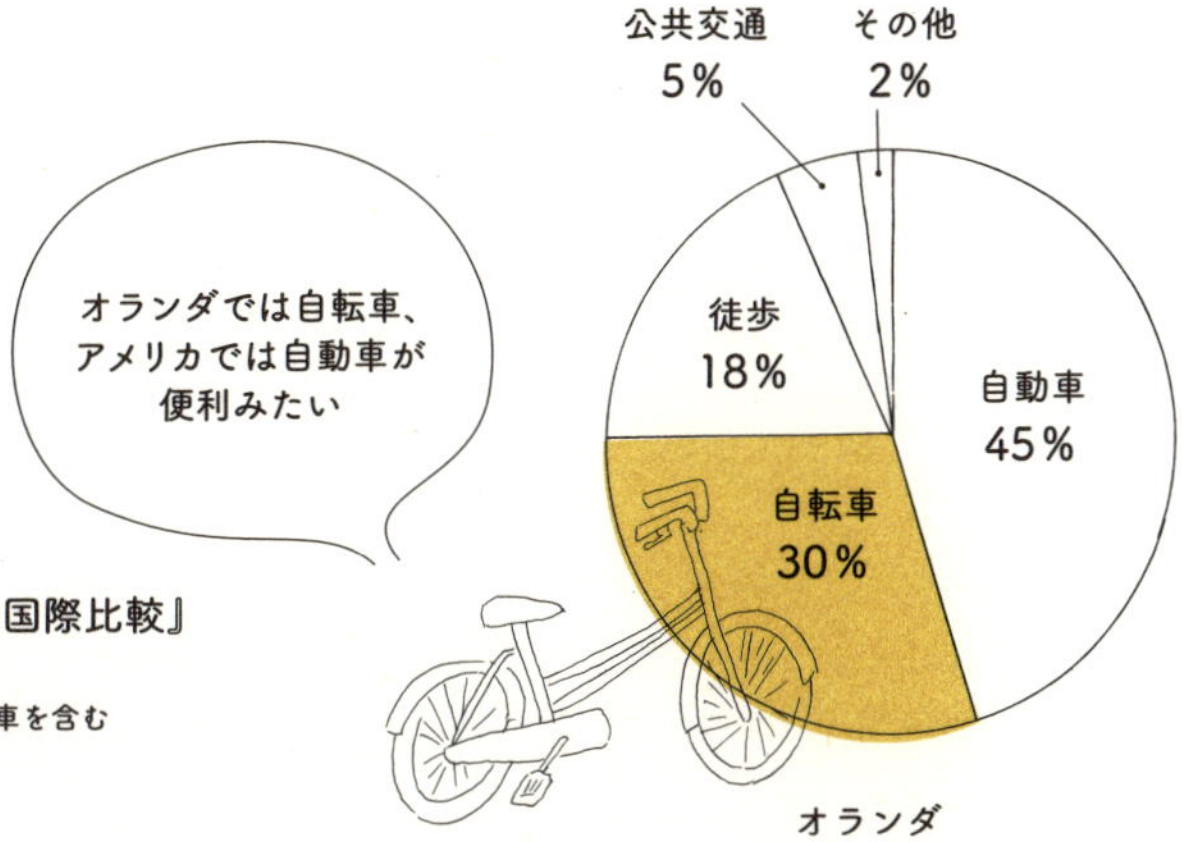

『外出時交通手段の国際比較』
注：トリップ数構成比。
日本の「徒歩」は自動二輪車を含む

たてもののなかにいる人
全員の年齢を足してみよう。

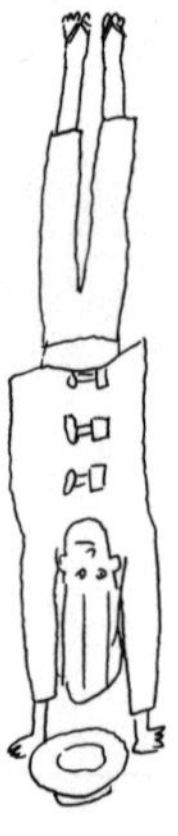

すまいにいます

ぼくが生まれ育ったいえは、築40年で当時まだめずらしい鉄筋コンクリートの5階建てで、祖父と父が小さな医院を開いていたので、診察室と数名の入院部屋、看護婦さんの控え室と住宅が一緒になったものでした。当時は祖父母に両親、兄と姉、犬やにわとりもいて、住み込みの看護婦さんも患者さんもいたから、そのたてものに総勢15人くらいはくらしていたことになる。ところが築40年がたって、ぼくたち兄姉は結婚して独立し、一昨年祖父と父が他界し、祖母は近くの介護付きマンションに移ったため、そのビルで生活するのはとうとう母ひとりになってしまった。母は台所と寝室だけでほぼ事足りるので、残りの部屋は空いているけど、こまったことに気安くだれかに貸し出せるような間取りでもない。

たてものは、配管設備などいたんでるところは多いけれど、依然しっかり建っている。コンクリートってよくもわるくもやっぱり頑丈だ。けれども人はきちんと年をとるし、人間の変化はたてものに比べて劇的だ。ためしにそこでくらす人の年を合計してみるとどうかな。10人がくらす家では1年で合計10歳年をとり、こどもが20歳で家を出れば20年減るし、１００歳のおじいさんが亡くなれば１００も減る。おお

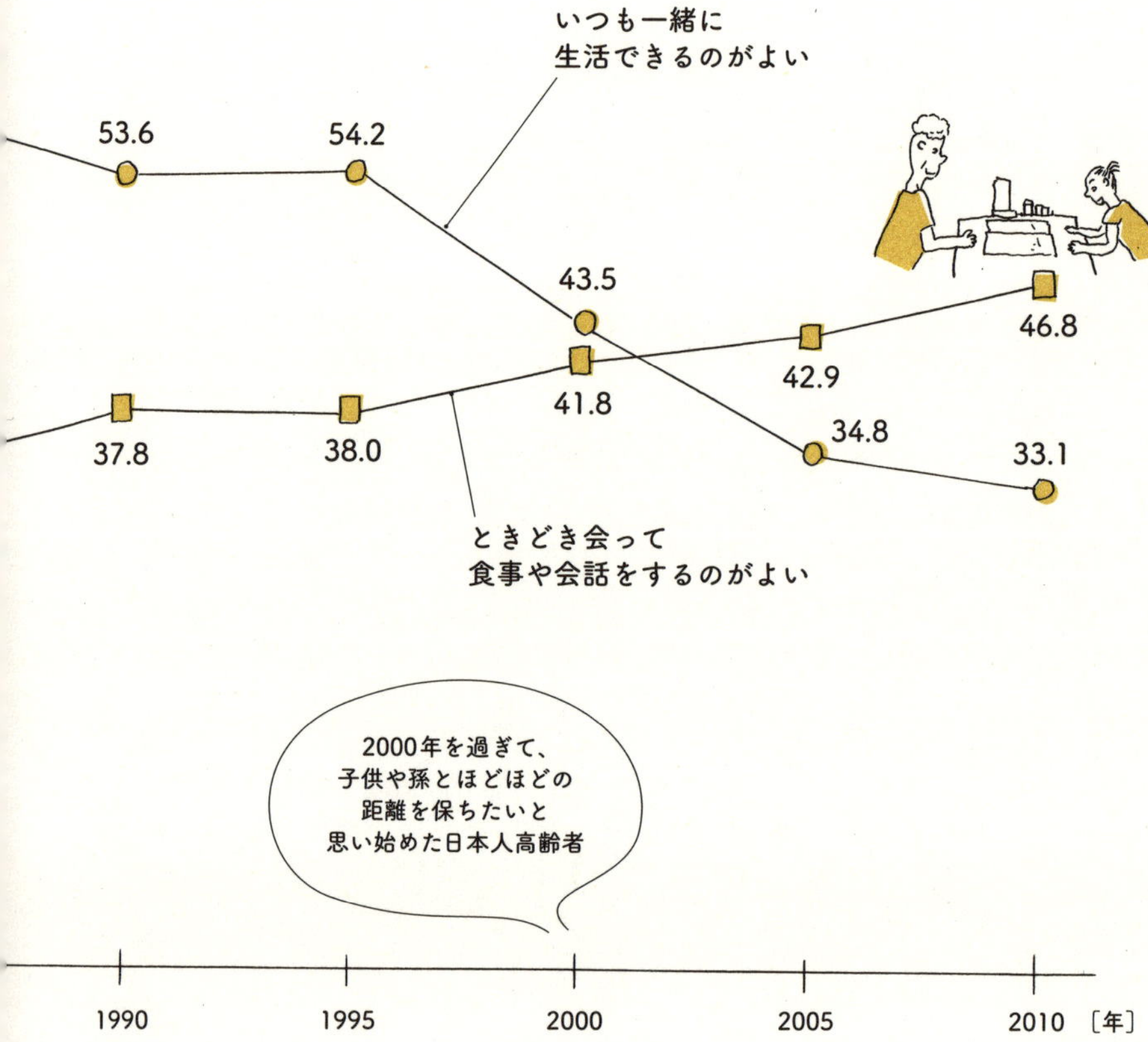
いつも一緒に
生活できるのがよい
53.6
54.2
43.5
34.8
33.1
37.8
38.0
41.8
42.9
46.8
ときどき会って
食事や会話をするのがよい
2000年を過ぎて、
子供や孫とほどほどの
距離を保ちたいと
思い始めた日本人高齢者
1990
1995
2000
2005
2010
［年］

きないえ、おおきな家族ほど、そこに住む人たちの変化は強烈で、ひとつ屋根の下で生きるということがじつは2度と取り戻せない一瞬の連続であることに気づく。そのはかなさこそが、星の瞬きのように人生をきらきらさせているのであれば、たてものという器がそれをじゃますものであってほしくない。

こういった状況に対応していくには、ひとつはマイホーム神話、つまり堅牢で安全でメンテナンスフリーな、しっかりした家という際限のない幻想を思いとどまって、さまざまなくらし方や人数にフレキシ

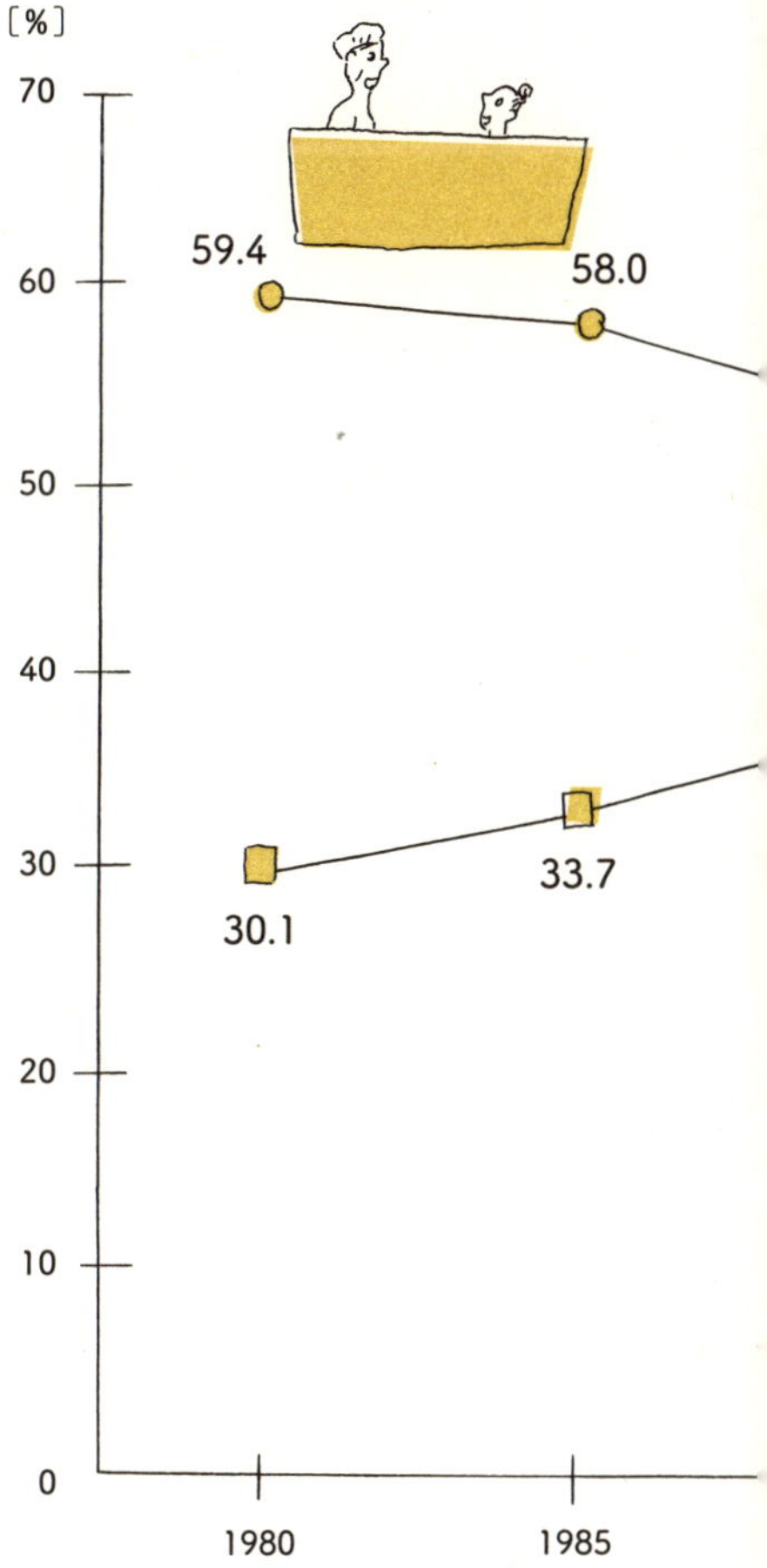

『「子供や孫と一緒に生活したい」という日本人高齢者の推移』

注：全国60歳以上の男女が対象。回答の選択肢には、そのほかに「まったくつきあわずに生活するのがよい」「ときどき会って食事や会話をするのがよい」「たまに会話をする程度でよい」がある（2000年以降は「わからない」が追加）

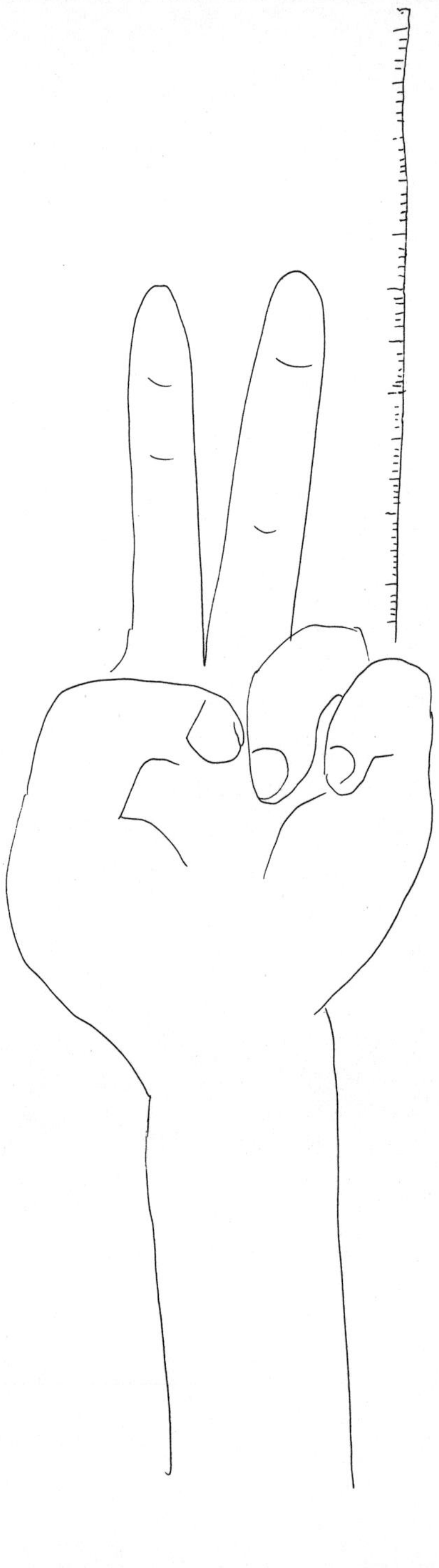

ブルに対応できるような、やわらかい居場所をつくっていくのがいいと思う。増改築がかんたんなだけでなく、おなじたてものでもいろいろな用途に使えたり、家族以外の人たちが出入りしやすい工夫。そしてこれはいえだけでなく、これからの社会のたてもの全体にも通じる。

そしてもうひとつはそこで生活する人の年齢の合計が急激に変化するような人員構成にしないこと、つまりさまざまな世代の人たちが共存するような場所を目指すことだ。

つねに一定の人が入れ替わるようなたてもの、たとえば大企業とか学校といった建築でさえ、昨今の少子高齢化や過疎化、経済崩壊などで、じつはたてもの内総年齢はどんどん変わっていて、必要とされる空間のかたちはおおきく変わりつつある。そんなことにはおかまいなしに、いままでのように不動産投資という理由だけでばかみたいにマンションやオフィスビルをつくっていくと、あっというまに破綻して近い将来スラム化したゴーストタウンが増えるだけだ。もううんざり。

まずはじぶんが住んでいるたてものの全員の年齢を足してみて、向こう20年くらいの変化予想グラフみたいなものを書いてみたらいいと思う。

ギー・ドゥボールという危なっかしいおじさんは、20世紀中盤ヨーロッパ各国を拠点として一大ムーブメントを起こした「シチュアシオニスト」という不良集団のリーダーで、とてもファンクでパンクな人である。

従来の価値やルールにまっこうから立ち向かい、たとえば既製品をわざとちがう方法で使ってみたり、目的をもたずに夢遊病のようにまちを歩くことをすすめたり、最後にはとうとう、パリの主要なみちをバリケードで封鎖して、幾何学的なパリのまち割りまでをも変えようと闘った。それがあの1968年の五月革命です。

彼らの活動にはどう猛な美しさと、健全な野蛮さがあったと思う。イデオロギーとかポリシーとか、そういう話よりももっと原始的で創造的な、生き方に対するシンプルで切実な欲求が満ち満ちていた。この世界を、いつもとちがう価値で見つめたとたんに、いろいろなこと

まちのなかで
お弁当をひろげて
食べたいと思う場所に
印をつけておこう。

が浮き上がってくる感覚。たとえばこどもが昆虫採集で血まなこになってうろうろするときの気持ちとか、スケボー少年がすべったらたのしそうな塀や手すりを物色するときの嗅覚。人がそういった野性を失うと、まちはやがてなにも与えてくれなくなる。

　東京はいま、まちとしてはほとんど半分死にかけていて、効率とか責任とかの影で、たくさんのことが暗に禁じられたり、できないように仕向けられていたりする。人間が本来もっている、けれども言葉にはしにくいわがままとか、特にこまっているわけでもないごくふつうの人が、生活をほんのすこしたのしくしたいという願いを、社会がじんわりと拒絶しているように感じてしまうよ。

　ドゥボールとて、異議申し立てしたところで、じゃあどうすればよくなるんだ、というところまでは踏み込めなかったし、そういうたのしいまちって話し合いや多数決でつくれるかというと、たぶんむりだ。それはだれかがつくってくれるものではなくて、ひとりひとりの想像力と、それを受け入れる世界のやさしさのようなものが相まってできるちいさな奇跡が、春の息吹きみたいにたくさん同時に生まれてできるのだと思う。

テレビを見る……75%

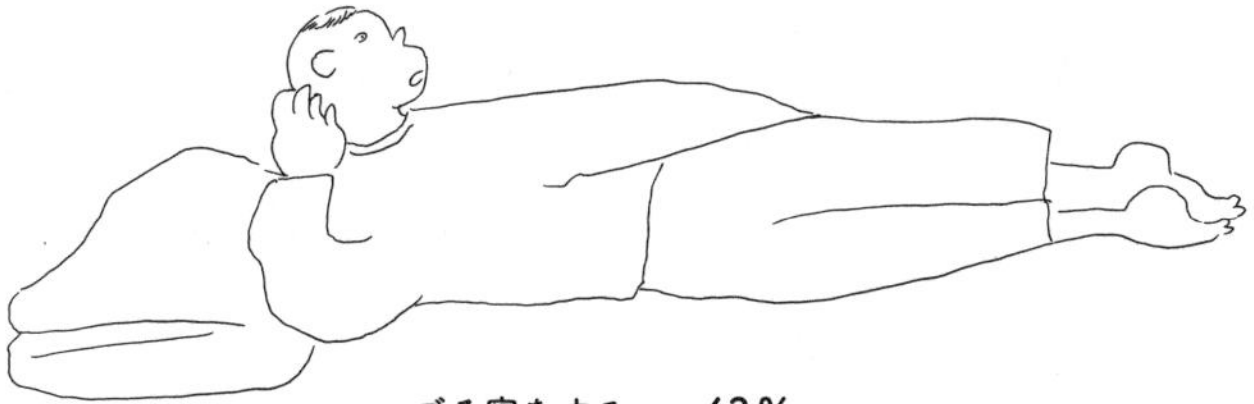

ごろ寝をする……43%

おいしいものを食べに行く……41%

『日本人の好きな余暇の過ごし方
ベスト3（2007年）』

注：全国16歳以上の男女3,600人が対象。48項目から複数回答

道路に面していない
古いいえを見つけ出して
秘密基地と名づけよう。

建築物の敷地は道路に2m以上接しなければならない、という「接道義務」と呼ばれる規則ができたのは、建築基準法が施行されたのとおなじ1950年。思えばこの決まりごとが基準法のなかでもいちばん重大で、いまのまちをかたちづくる根っことなったのだと思う。

農村のつくりがベースとなっていた戦前の東京は、まちといえども平屋の木造民家がほとんどで、たてものどうしが本宅、離れ、納屋といった風情でたがいに距離をおいて立っていた。そしてごくたまにそれらのあいだをぬうように車道や鉄道が通っていたけれど、残りの大部分は舗装もしていなければ塀もない、いえでもみちでもないすきまのような場所だった。かんたんに言うと。

そういった、のびのびとだらしないまちのあり方にたいして、所有や責任を明らかにし、固定資産税を確実に集めるには、新しい決まりをつくって、地面を道路とそれ以外という2つのものに分けてしまうことがいちばんだった。それぞれの場所の特徴や成り立ち、風土や文化といったものをいったん忘れて、すべての土地が道路に接して、それが公共との接点である、と単純化すること。そうすることで政府は国土をびっくりするくらい単純に管理しやすくした。ここでいう道路

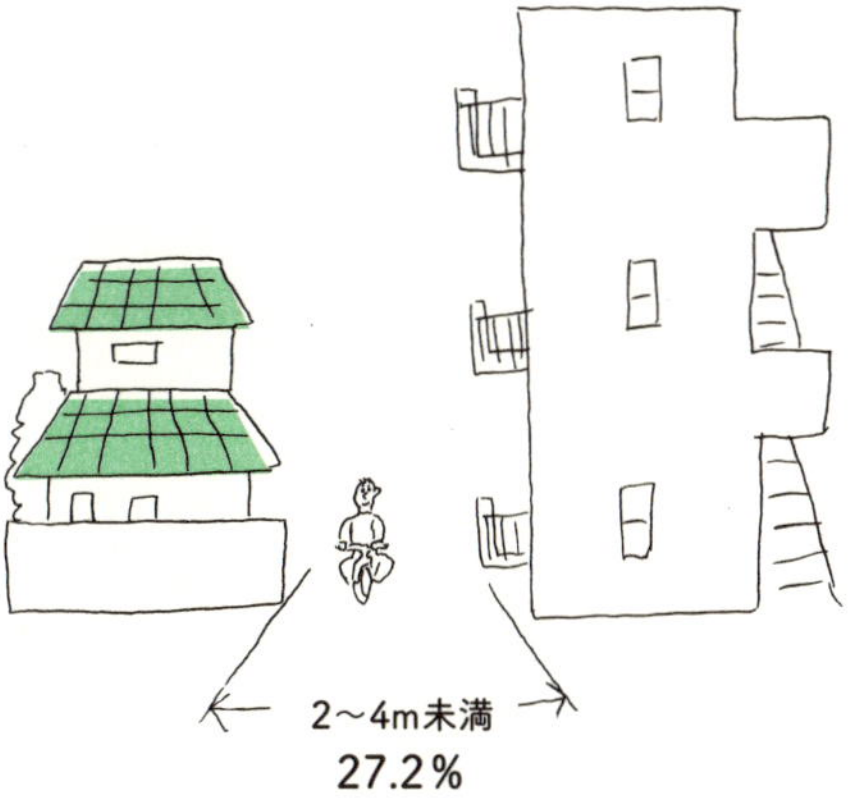

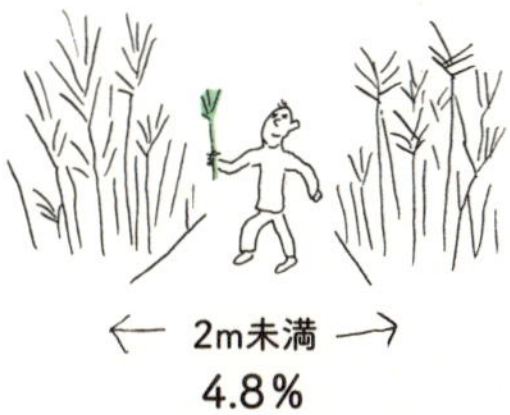

『住宅敷地に接している道路幅員の割合
(日本全国、2008年)』

というのは基本的に、くるまが通ることのできる幅4m以上のものを意味している。

すべての敷地が道路に接していなければいけない表向きの理由は、消防車や救急車などの緊急車両のアクセス、そして災害時の避難経路の確保といったものだったけれど、救急車のストレッチャーなどはせまい私道だって入っていけるし、消防車だって井戸や連結送水管があれば、あとはホースと消防士がいればおなじことだ。災害時の避難をいうのであれば、むしろ立てめぐらされた敷地境界の塀や停電時の高層マンションのほうがよっぽどたちがわるい。

自由に歩きまわることのできる場所はじぶんのいえの敷地内か、もしくは道路。成熟したまちではあたりまえのことかもしれないけれど、遠い昔の人間がもっていた、歩くことが生きることに直結する回路、獲物をもとめて歩きまわった原始の狩猟本能を失うと、人の心がかすんで薄まってくるような気がする。たてものをたてるところと、くるまが通るところ。そうやって機能によって二分するのではなく、ひとつの場所がときに人が集う場所になり、ときにみちになるような、状況や使い手によって姿が変わるような空間のほうがぜったいたのしい。

そうしないと世界はじぶんのいえや職場と移動空間だけになってしまうよ。でもいまの思考回路では、じぶんでみちを開拓していくような楽しさよりも、知らない人がじぶんのいえのそばを通り過ぎていく不安のようなものが勝ってしまうんだろうなあ。

東京都は接道していない住宅が集中するエリア、つまり「木造密集地域」（通称モクミツ）にターゲットを定め、現在急ピッチで再開発を進めている。けれども実際にそういった場所へ行ってみると、ちいさな路地やすきまを人びとがいきいきと活用していることにあらためておどろく。くるまが入れない道では、いまだにこどもたちが元気に遊びまわっている姿を目にしてうれしくなる。このままだと遠くない未来に、こういう場所はほんとうに姿を消してしまう。

どれくらいの畑があれば
一年中サラダが
食べられるか
想像してみよう。

野菜工場ってどうですか。特殊な照明のついた棚みたいなところで野菜を育てているあれです。広い農地も必要ないし、害虫や天候の心配もないし、当てる光によって味や栄養価を増したりできるそうで、いいことずくめ。コストもこれからまちがいなく下がっていくだろうから、そうなるとまさに無敵。

でもなんとなくだめなんです、ぼくは。これは理屈ではないので、それを開発している技術者の方々や生産者の人たちには申し訳ないのだけど、どうしても違和感がある。どこかむりしているというか、不自然というか。そしてこの気持ちわるさをどうにかして言葉にできないかと悩む今日このごろ。

たとえば新鮮な甘いきゃべつをばりっと噛みしめるとき、漠然とそのきゃべつがかつて、どこかの畑でいっぱいの太陽光を浴び、雨を吸いこみ、農家の人が手をかけて四季をくぐり抜けて、いまぼくの口のなかにある、というつながりがあって、こういういま見えないけれどそこにあったであろうストーリー、あるいは自然や人とのつながり方というものを、人間は栄養と一緒にからだに取り入れているように思う。おとうさんおかあさん、お百姓さん、ありがとう。いただきます。

もし工場で野菜がつくられるようになると、きっとどこでもおなじ味がつくれるはずだから、青森産とか愛媛産とか、そういうことがなくなって、あるいは旬の野菜とかもなくなっていくのかな。たしかに便利なことのようにも思うけれど、本能的に考えるとあんまりうれしくないよ。その場所で、その時期しかとれない野菜やくだものを、新鮮なうちにその場所で食べる、というむかしからあった単純で最高の贅沢を、便利さと引きかえに手放すのはくやしい。ナポリの汚い食堂で食べるパスタとか、バンコクの高架下の屋台のおそばとか、沖縄のおばあのソーキソバとか。あたりまえの素朴な料理も、その土地の水や風や光のなかで食べると、東京のどんな高級レストランよりもおいしい。そしてそれとおなじように、いなかの親せきの畑でとれたたまねぎとか、じぶんのベランダで育てたちいさなじゃがいもも、代え難いよね。こういう豊かさを、現代社会は気づかぬうちに日々失っているんだろうなあ。

人間の欲望は移り変わる自然現象をコントロールして、1年を通じて一定の温度と湿度をキープしないと安心しない体になりつつあるけれど、いよいよ食べものにたいしても、おなじ境遇を強いるようになってしまった。いま一度心の声に素直になって、遮断するのではなくまずは受け止めるような自然との接し方を取り戻すことはできないのか。たとえ、ときに打ち負かされることがあったとしても、その恵みを最大限受け取りながら、自然にたいしては受け身で生きていくほうを、ぼくはとりたい。

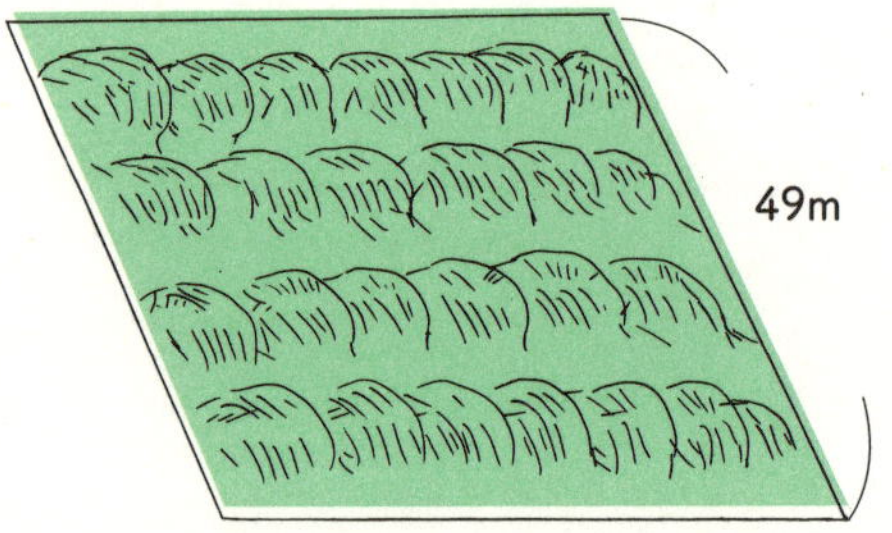

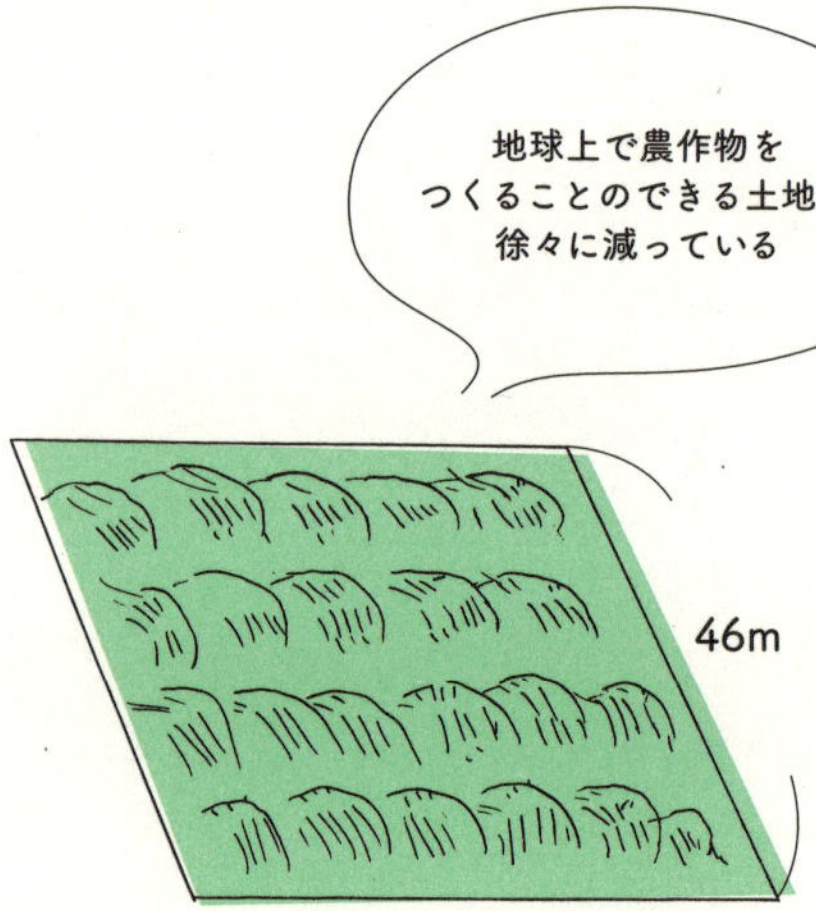

そしてこれはまちのつくり方やたてもののたて方に関しても、じつは共通していると思う。

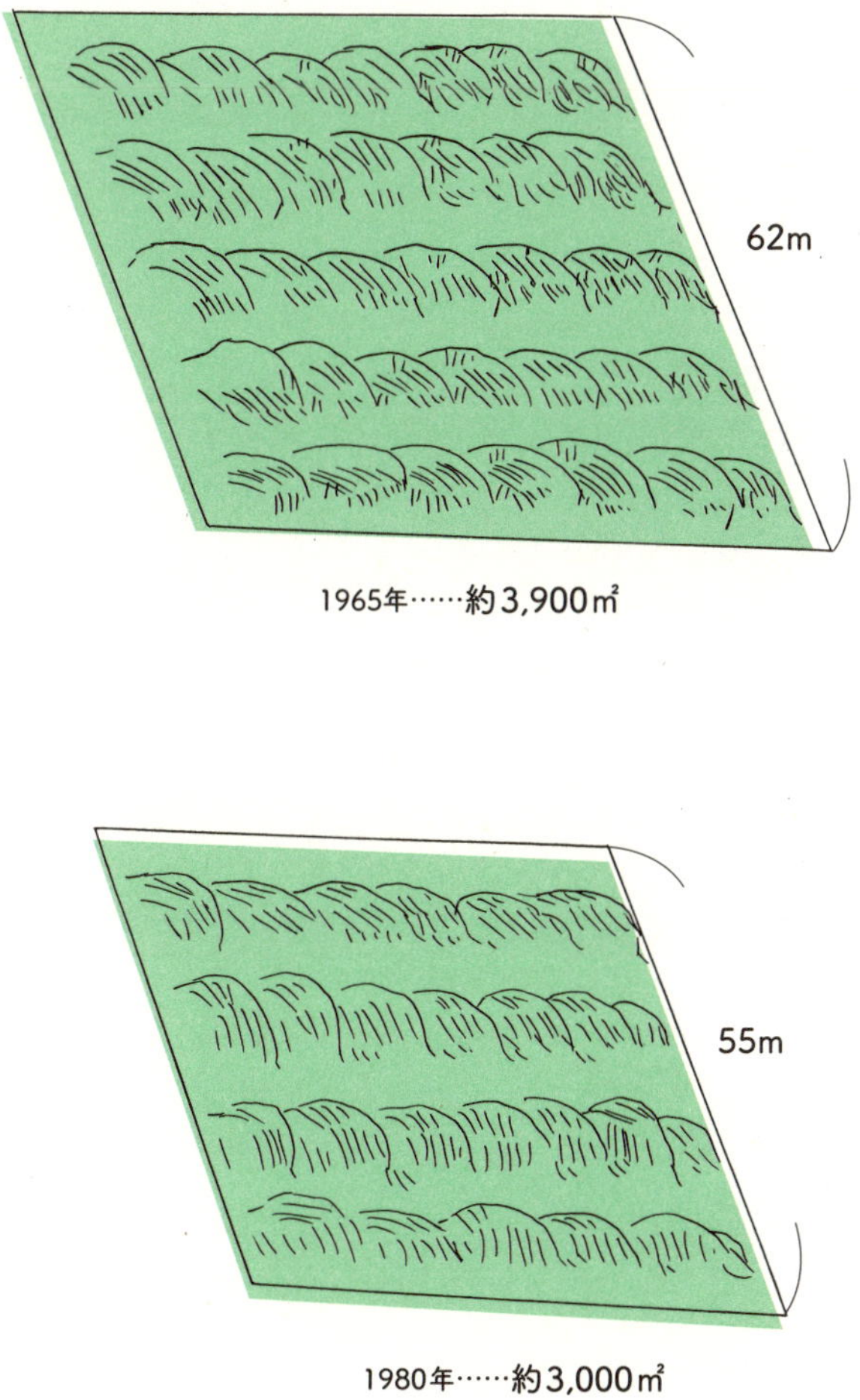

『世界人口ひとりあたり耕地面積の推移』

注：「United Nations, Population Division」による世界人口と「FAOSTAT」による耕地面積をもとに換算

１年間で出勤時間が
合わせてどれくらいになるか
計算してみよう。

建築家の東孝光さんは、自宅であり事務所でもある「塔の家」で仕事を始めるとき、毎朝ぱりっとのりのきいたシャツに着替え、「行ってきます」といえから出て、100mばかり先の246号線沿いの喫茶店でコーヒーを1杯飲んだあと、くるりときびすを返して自宅に出勤して仕事を始めたという。ぼくは独立したてのころ、いえで仕事をしていた時期があったけど、なんとなく寝間着のまま、仕事をしたり、スーパーに行ったり、さくらの散歩に行ったり、テレビを見たり、ごはんをつくったり、食べたり。つまりなかなかふんぎりがつかなくて苦労した。だから、東さんの気持ちはよくわかります。

出勤というのは、たぶんいろんな効果を含んでいて、単純な移動としてとらえるならば、すこしでも短時間に、できればゼロにしたいくらいだけど、東さんにとってのそれはたとえばアスリートのストレッチのように、あるいは料理人の包丁研ぎみたいに、日常と仕事を切り替えるために必要な儀式なのだと思う（実際いいアイデアが思いつくのはだいたい出勤途中かお風呂のなかだなあ）。

ひとことで「通勤」といっても、たとえば産業革命後のイギリスでは、裕福な人たちこそが工場のすすや灰だらけのまちの中心から離れ、

アメリカ（2009年）

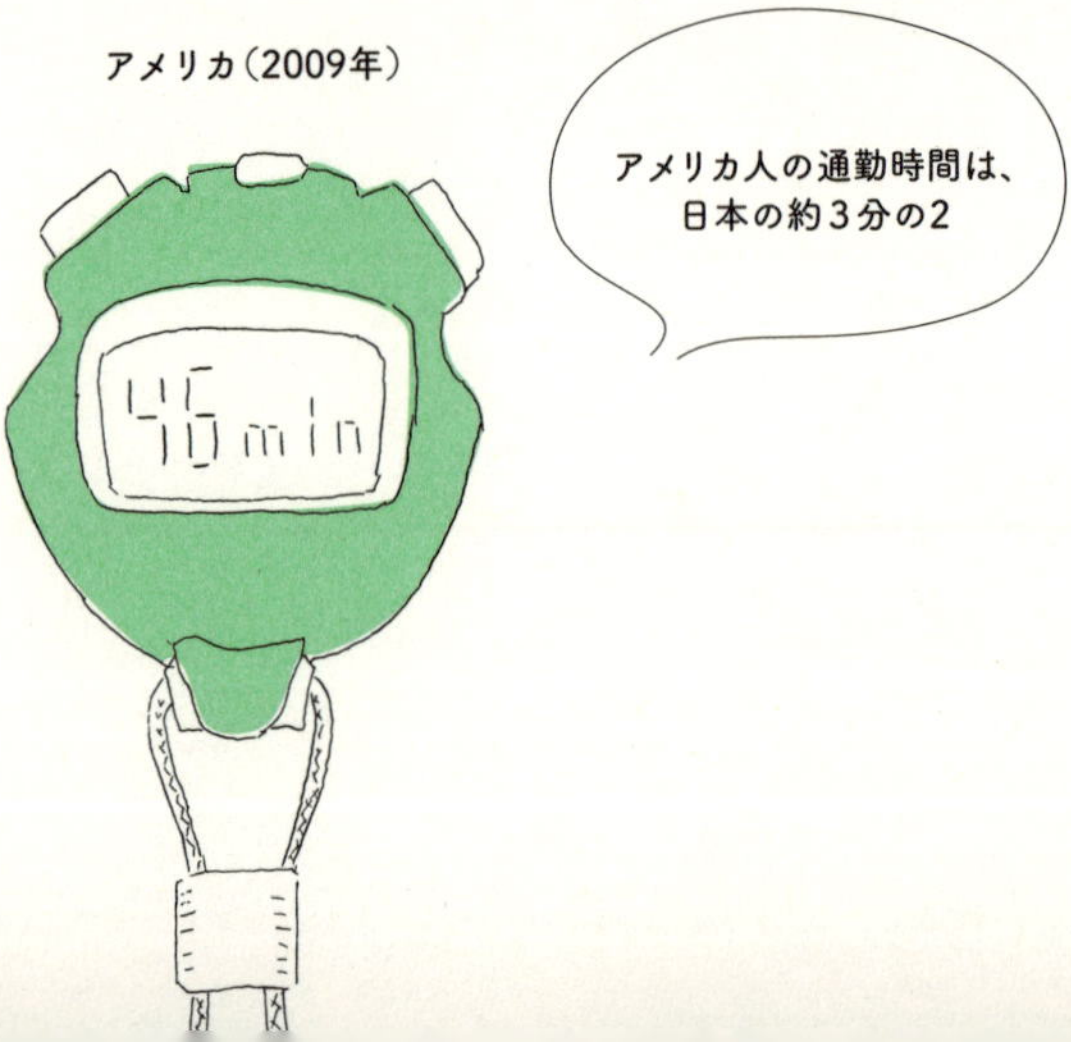
46min
アメリカ人の通勤時間は、
日本の約3分の2

郊外に瀟洒《しょうしゃ》ないえをもっていて、貧しい労働者こそが工場そばのまちの中心部に住んでいたから、通勤の風景もきっとぜんぜんちがったんだろう。現在のロサンゼルスはみんながひとりずつくるまで移動するから、儀式もより個人的なものなのだろう。そういえばライトの「ブロードエーカーシティ計画」は個人の移動手段がセスナ機という設定だったっけ。

大事なことは、移動するその旅程が、いかにそのまちらしく、たのしく豊かに、そしてちいさなおどろきを含んだものになるかということだと思う。東京の通勤風景も、東京らしくて悪くはないけど最近よく駅に貼ってある、こどもの絵とかでマナーを啓発するポスターは、なんとなくきらいだな。迷惑をかけないことが、他人とかかわらないことに置き換えられているような気がして。

ちなみに現在の日本人の1日平均通勤時間は72分で、年間合計は約312時間。ほぼ13日、です。

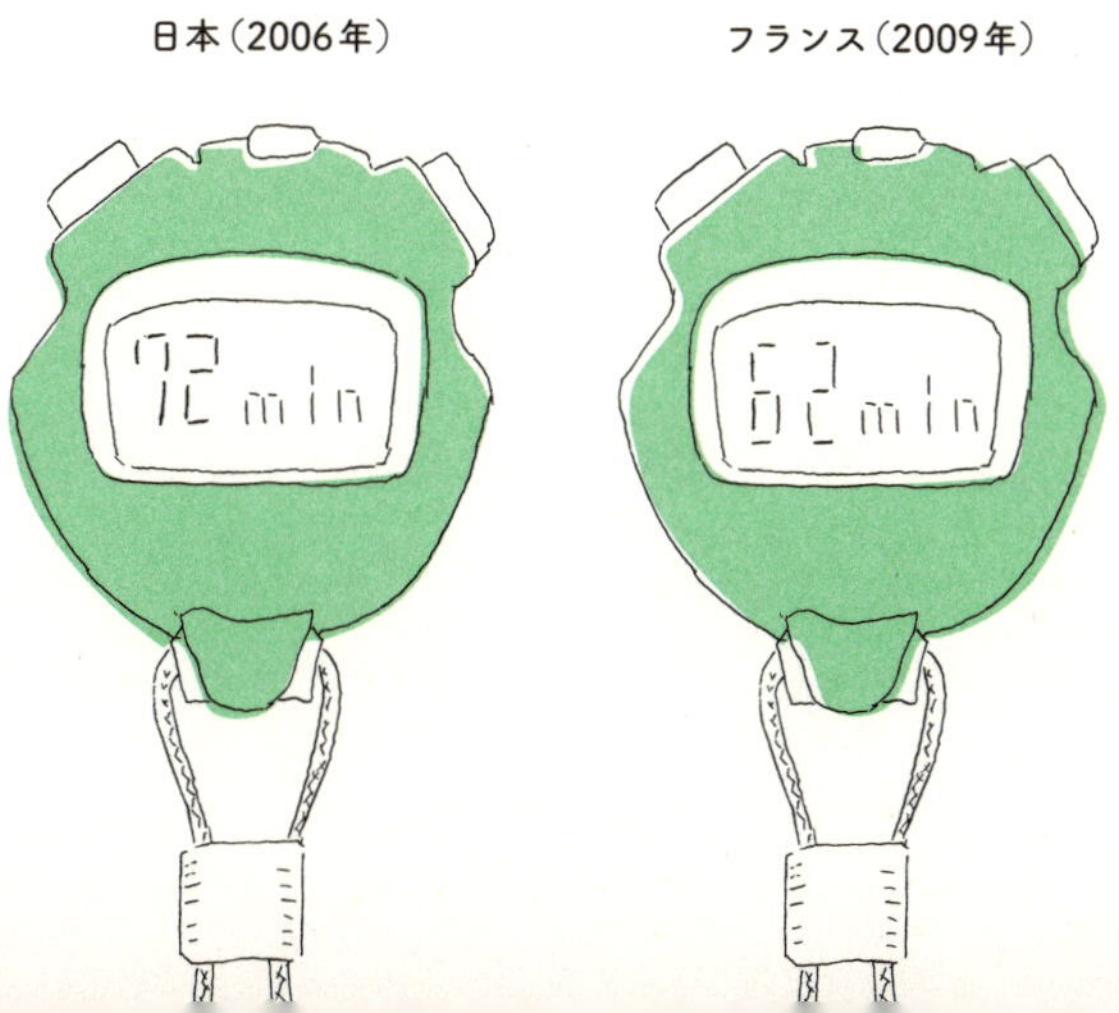

『通勤時間（往復）の国際比較』

じぶんのいえに
いまの倍の人数でくらすには
どうしたらよいか考えてみよう。

東京の平均世帯人数がとうとう2を割ってしまった。２０１０年時点で、23区内４３０万世帯のうち、単独世帯が２００万世帯くらいだから、およそ2軒に1軒がひとりぐらし、ということになる。戦後、核家族が増えたことで、コミュニティの喪失が危ぶまれてきたけれど、核家族もさらに解体がすすんで、とうとうひとりという最小単位にまで、家が刻まれてしまったよ。

投資という目線でそろばんをはじくと、ちいさな部屋をたくさんつくるほうがもうかるので、都心部においてはニーズとも合っていたのだろうけれど、人口が減っていくこれからは、単に箱だけつくっても借り手がつかなくなるだろうし、エネルギー効率という面で見ると、ひとりぐらしの不経済性は明らかだ。そしていちばん問題なのは、こういったライフスタイルが増えていくことで、昼間だれもいないマンションが増え、そうなると近所づき合いや地域とのかかわりも薄くなって、結果的にまちの活気や魅力が失われていく、ということだろうなあ（そういった状況に歯止めをかけるべく、最近都心中心部ではいわゆる「ワンルームマンション条例」が施行されている）。

これからはひとりで所有するよりも、みんなで貸し借りし合って、

1957年……4.09人　　2012年……1.99人

『東京都の１世帯あたり人数の推移』

だましだましやりくりする、という生き方が増えていくし、そういったことをがまんするというよりもむしろ、そのほうがたのしいよね、安心だよね、と心から思えるような世界になればいいなあ。家族の人数がこれから増えていくということは考えにくいから、そうなると一緒に住む、ということは友だちやおなじ趣味をもつ人、ということになるのかね。

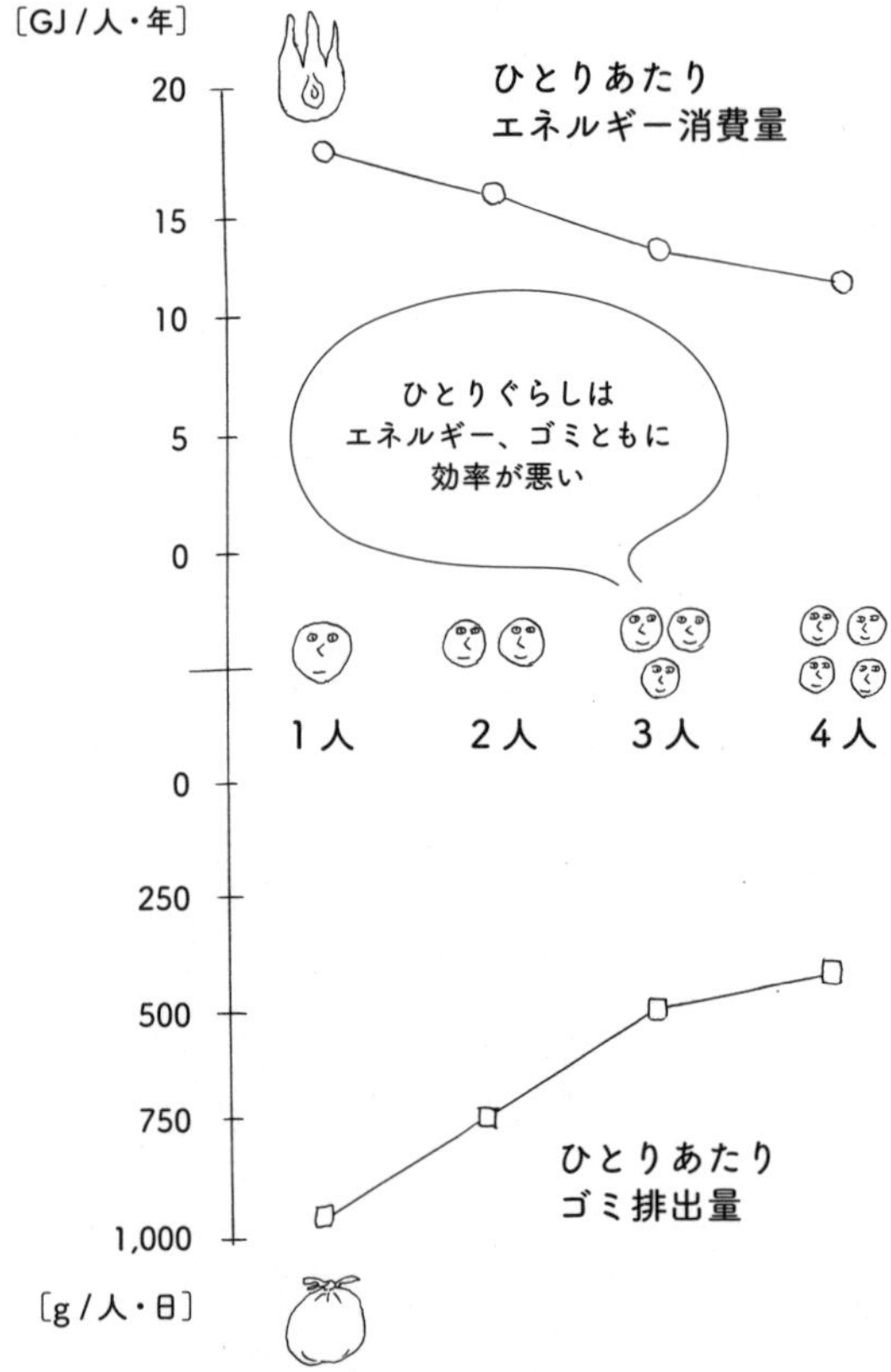

『世帯人数別ひとりあたりエネルギー消費量とゴミ排出量』

実際にすでにいろいろ動き始めていて、シェアハウスやコレクティブハウスもすごい勢いで増えているけれど、歴史を振り返ると、こうやって新しい用途の建築が生まれるときはだいたい、最初は既存のたてものを代用、転用しながら、ある程度時間をかけて、ようやくそのプログラムにとって好ましいデザインに修練されていくものです。そしてそれさえもその時代、その価値観によって変わっていく（ここ20年くらいで小学校の空間形式がおおきく変わったのはその一例です）。

集まって住む、というこれからの生活イメージを専門家やデザイナーが先鋭化して提示していくことももちろん大切だけど、ひとりひとりがむずかしいことぬきに、こんな感じだったら家族以外の人と一緒でも住めるなあ、という想像力を日ごろから鍛えているかどうかにかかってくると思う。たとえば平均世帯人数がいまの倍だった、ちょうど50年くらい前の日本を想像しながら、じゃあいまこの時代、このいえで倍の人数でくらすとしたらどうすればいいんだろう。どこを改造して、増築して、どこを仕切ればいいんだろう、って考えてみよう。そりゃむりでしょう、と言う前に、そういうちいさな個人的な想像が集まって世界を動かしていくことを信じて。

東京じゅうの人が
全員参加できる
マラソン大会を
企画してみよう。

いつのまにか東京マラソンが毎年開かれるようになって、まわりでも「今年は当たった！」とか「やっぱりだめだった」とか一喜一憂していて、ぼくにはそのうれしさとかくやしさが、いまいちわからないので、そうですかあ、それはそれは、と返事するしかないのだけど、きっとこういう明確な目標、日々の努力が実を結ぶ達成感、のようなものは人間にとって大切だし、そういうことが得にくい日常になってきているのかなあ、と思ってみたり。

ただ共感するのは、たとえばふだん生活している場所、慣れ親しんでいる場所が、ある日とつぜん、ちがう使われ方をしているのはたのしい。運動会やバザーのとき、学校はまるで別の場所のようにいきいきちがったものに見えるし、オーストリアのちいさなまちは、音楽祭が開かれる真夏のある夜、内も外も至るところでコンサートが開かれ、きれいな衣装に身を包んだ人びとが、みちというみちを埋めて、まるでまちがひとつの劇場のようになる。

全員参加、というのがいいんだと思う。反対派とか傍観者とか、そういうのがノーサイドで、とにかくみんなが参加者であり、運営者であるような。せめてせめて1日くらいは、仕事も学校もすべてを投げ

北海道……233 m/㎢

出して、東京の人びとがひとつのことをするという、壮大なばかばかしさがあってもいいと思う。お祭りのときにあいているコンビニを見たときに感じるあのしらけさは、この日くらいは多少不便でも店をしめよう、光輝くまちの雰囲気に同調しよう、という感受性や配慮といったものを日本人はとっくに失ってしまったことを気づかせる。

そんなことを思いながらためしに東京の人が全員参加できるマラソン大会をしたらどうなるか計算してみた。23区の面積が621㎢で道路率が12.7%なので、道路の面積は約80㎢。昼間の人口を1100万人とすると、ひとりあたりの道路面積は7.2㎡。4畳半よりちょっと小さいくらい。つまり、規律正しく等間隔の距離を保って走ったとしてもかなりきびしい。やっぱり抽選にしないとだめなのかあ。などと考えていたら、震災当日、帰宅難民の人びとがみちというみちを埋めつくし、東京はまさにその状況となってしまったよ。

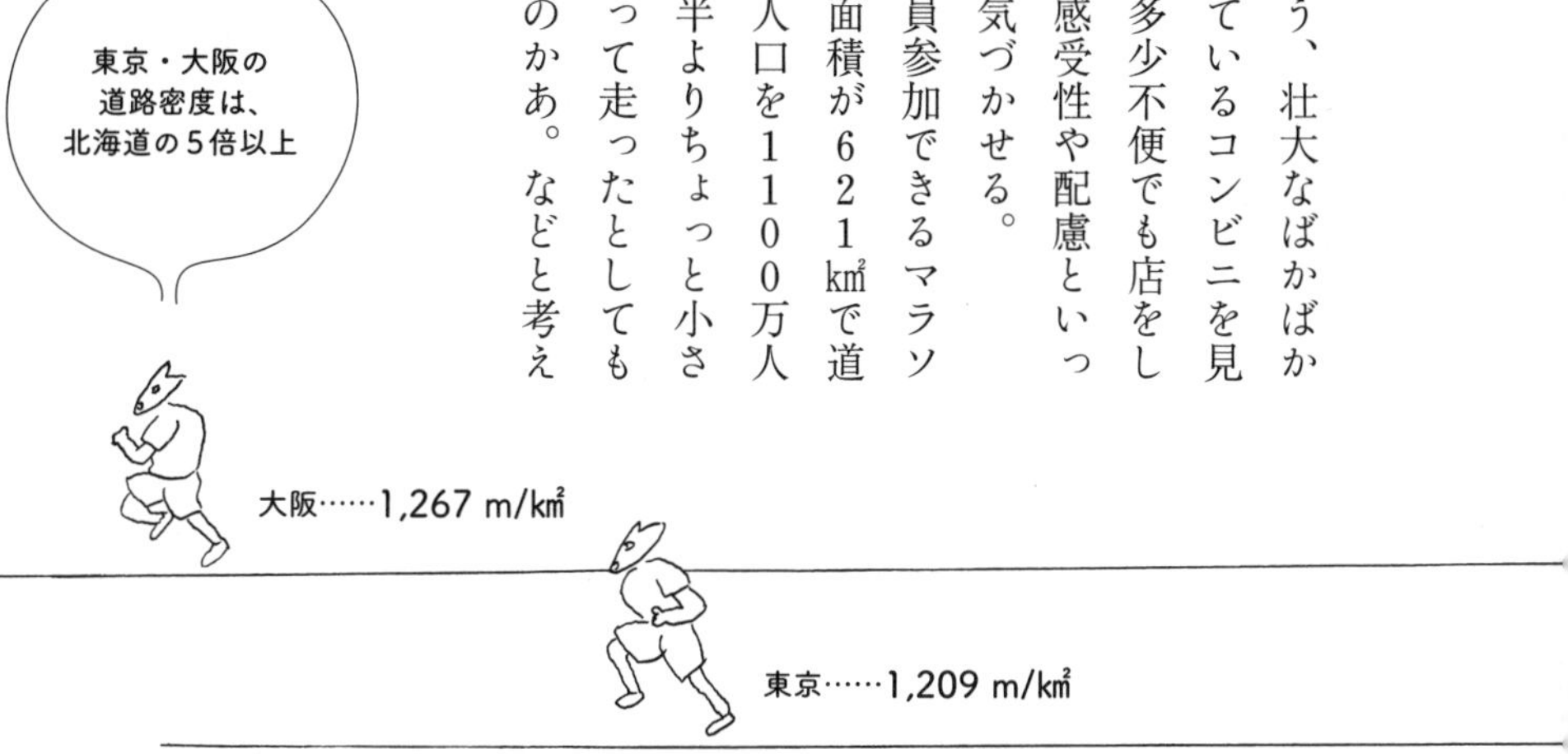
東京・大阪の
道路密度は、
北海道の5倍以上
大阪……1,267 m/㎢
東京……1,209 m/㎢

『北海道・東京・大阪の道路密度
(2006年4月1日)』

注：1㎢あたり道路延長(道路法の規定に基づき指定または認定された路線の長さ)

いえに降った雨が
どこを流れて
どこに行くか、
つきとめてみよう。

以前、都心に設計したあるいえで、たてもののまわりの地面の部分を押し固めた土で舗装した。都会のたてものの外構部分というのは、ほとんどがコンクリートや石張りなど、水切れのよい素材で、さもなくば庭や畑でささやかな自然を楽しむ、ということが多い。けれどもそのときは庭にするほど広くもなく、人が通り抜けたり、くるまを停めたりする場所でもあるので、草木を生やすわけにもいかず、かといって、なんとなくつるぴかの舗装は、そのいえや、そこに住む人たちの雰囲気に似合わないような気がした。

そんな最中、集中豪雨のときに、下水道管のなかにいた作業員の方が亡くなる事故があって、東京の下水処理能力に限界があることを知った。それならせめて、敷地に降った雨水をすこしでも、そのまま地面の下に染みこませて地中に返すほうがいいと思い、水がしみこんでいくような舗装を選んだ（あとで知ったのだけど、いくつかの自治体もそれを推奨している）。ヒートアイランド現象の改善にも、わずかでも貢献したかったし、軒先の雨どいで水をためて1箇所から流すより、そういったものを一切つけないで、ひさしからぽたぽた、いえの周囲に全方位的にしずくが垂れるような構成のほうがいいと思った。

設計を依頼した家族もそういったことに理解を示してくれて、土の上を歩く感触を楽しんでいるようだった。

ところがある日、そのいえのとなりに住む人からぼくのところに苦情がきた。雨水が土にしみこむと、しみこんだ水が自分のいえの下にも入ってきて、地盤沈下を引き起こす可能性があるから、なんとかしてほしい。それに雨どいがないと、いえのわき（共有の通りみちになっていた）を通るときにぬれやすく、はねた泥水で自分のいえの壁も汚れるかもしれないから、ということだった。

すこし乱暴にいうと、こういった考え方は「都市化」のベースとなる発想だ。水たまりや泥はねといった「不衛生」で「不効率」なものを、日常生活から徹底的に見えなくすることによって、まちは発展し、生活は便利になった。そしてそういったことを人知れずバックアップするためのインフラが、どんどん巨大化し、そしていくら巨大化してもそれに追いつかないくらい、まちや人口はすごいスピードで巨大化してきた。そしてなにかの拍子でそのインフラが作動しなくなると、社会は大混乱となる。

見えないことに慣れてしまった都会人は、本来あるべき、かつてあっ

東京都民が1年間に
使う水は、東京に降る
雨より少ない
東京都民が使う水
20億㎥
東京に降る雨
25億㎥

『1年間に東京都民が使う水道水の量と
東京に降る雨の量の比較』

たものにたいして恐怖や嫌悪、わずらわしさを感じる。雨、というのはたぶん太古のむかしも江戸時代もおなじように降っていたはずで、それはそれですごく奇跡的なことのように思うけれど、都市はそれとて「ないもの」としてコントロールし、そういった環境はそこに住む人の思想も変えていってしまう。

ときに人の命も奪う自然はふだん生きているだけで、だれもにその何倍もの力を与えてくれる。都合のいいところだけを自然からえようとすると、じつは知らない間に多くのものを失っている。その虚しさ。

ちなみに、その話の結論はというと、土の舗装は許してもらいながら、通りみちのひさしにはといをつけ、そこでためた水はわきにおいた小さな植木鉢に流れ落ちるようにした。下水道へ放出するのはなんとか回避されたのでした。

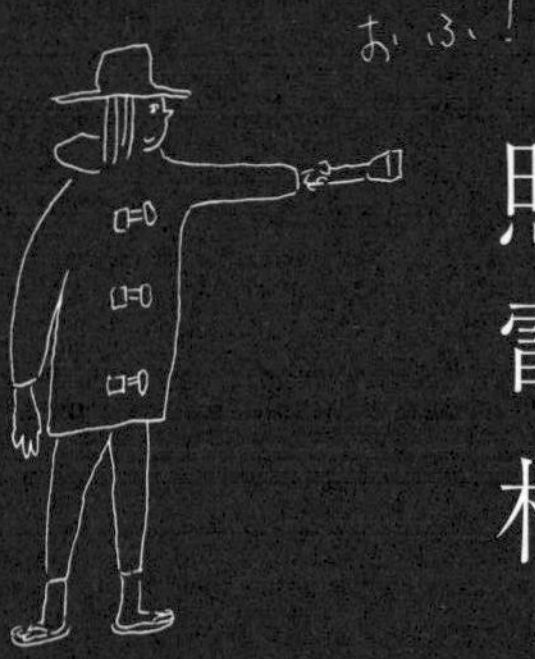

照明デザイナーと
電気の消し方を
相談しよう。

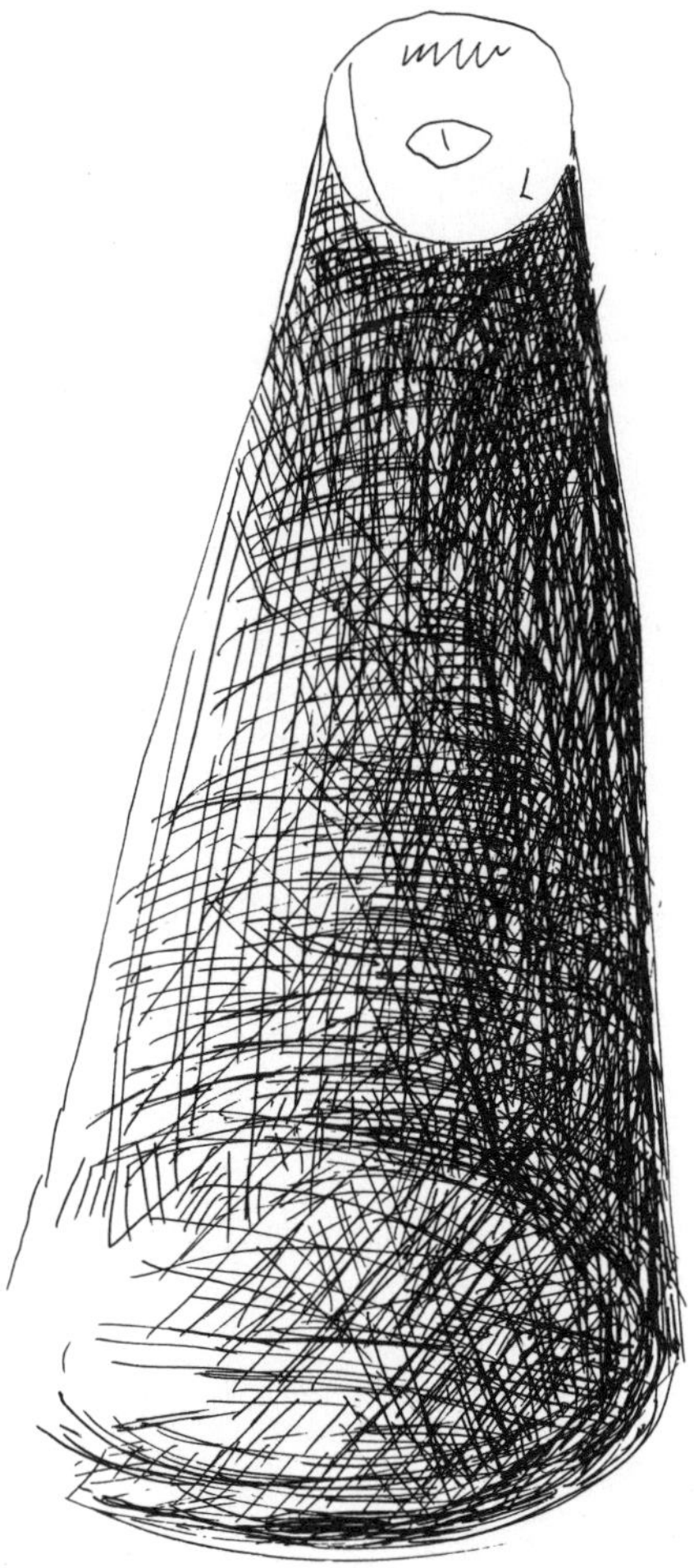

照明デザイナーという仕事を知ってますか。
たとえばたてものを設計するとき、この空間であればこの場所にこういう照明が必要です、ということを提案してくれる頼もしい人たちです。でも実際はというと「ミウラさん、ここには明かりが必要です」というよりも「ここはこれくらいでいいですよ。残りは取っちゃいましょう」と言われることのほうが断然多い。

照明の計画では、あとになって暗い、使いづらい、というクレームが来ないように、念のため少し多めにつけておいて、必要なければ使わなければいい、という感じで決めることがじつは多い。結果として必要以上の照明がついて、あるんだからぜんぶ使おう、という感じで、煌々《こうこう》と光るたてものが増えていき、人間の感覚はそれにどんどん慣れていって、じゃあうちもうちも、ということでまちじゅうが明るくなって、それは戦後日本の豊かさの象徴でもあったのだなあ。

けれども震災後、照明の消されたまちの風景を見て、「落ち着いて美しい。むしろこちらのほうがいい」と思った人はたくさんいるみたい。ぼくもそう思った。照明はなにかを照らすためにつくられたはずなのに、きらびやかなネオンが消えたとたんに、夜空や星、遠くのま

小売店や飲食店などの看板……53％

ち並みや地形が見えるようになって、そしてなにより、無節操な看板を見なくてすむようになった。移り変わる本来の光の繊細な変化をもっと楽しんでいたい。そういった刻々と変わる自然のちいさな表情を愛することこそが日本の風土なのだと思う。

節電目標を達成するために、駅などでは無造作に蛍光灯が外されていたりしたけれど、安全性を保ちつつ、どこを削ればいいか、それこそを専門家と一緒に決めよう。健康的にダイエットするためにトレーナーに相談するように、まちの灯りもこれからどんどんスリムに、必要でないものをじょうずに取り除いていくべきだと思う。つくったり売ったりだけが仕事なのではなく、広い視野で世界全体にとっていちばんいいバランスを調整することこそが、プロのなせる業。そうすればむかしはあたりまえのようにもっていて、いつのまにか失ってしまったみずみずしい感受性やその楽しみ方、壮大な世界との心地よい接し方がもう一度わかってくると思うのです。

『まちなかでもっと積極的に
節電すべきだと思うもの（2012年）』
注：複数回答

多くの人が、
自動販売機や
看板の照明を
無駄だと感じている

自動販売機の照明……62％

惑星物理学者の松井孝典さんによると、地球が外から与えられるエネルギーは、基本的に太陽エネルギーだけであり（あたりまえだけど、びっくりする。太陽はすごい）、それによって育つ植物にも限界がある。人間は有機物のかたまりで、その主要元素である炭素の総量は地球上ですでに決まっているから、そうなると地球上でなんとかくらせる人数の上限はおよそ80億人だそうだ。このままいくと、十数年でこの数値に到達してしまうらしい。これを乗り越えるにはレンタルの思想が必要で、究極的にはじぶんのこの体でさえ、人生という一定期間だけ、地球から一定量の元素を借りて人体をつくり、死ねばそれを地球に返す、という感覚。哲学的ですらあるけれど、とても明快。

大切なのは、生きるのに必要なのは、ものではなく機能（あるいは目的）であるということで、土地、たてもの、自動車、家具……さま

すこしのあいだだったら人に貸してもいいものをまとめておこう。

『アメリカ人と日本人の自然環境依存度』

注：アメリカ、日本のエコロジカル・フットプリントを地球の数で示した

ざまなものもそれ自体を所有するのではなく、なにかの目的のために一定期間借りる、くらいに考えることだと思う。本来、そういった生き方はあらゆる土着文化に含まれていたはずだし、もし仮に、あきれるほどアンバランスなマネーゲームがなくなったとしても、絶対量が不足してしまう時代に突入してしまうのであれば、いまこそ賢を集約し、人生の返し方を、さまざまなレベルで創造していかねばならぬよ。

共有するということが、なにか遠慮を強いるようなイメージや、時代遅れの型落ち品や傷もののようなネガティブな印象ではなく、そもそもすべてが借りものであると割り切ってしまうと、なにかとつぜん身軽に、自由に解き放たれた気分になるなあ。そっか、貸すんじゃなくて返すんだ、というふうに。

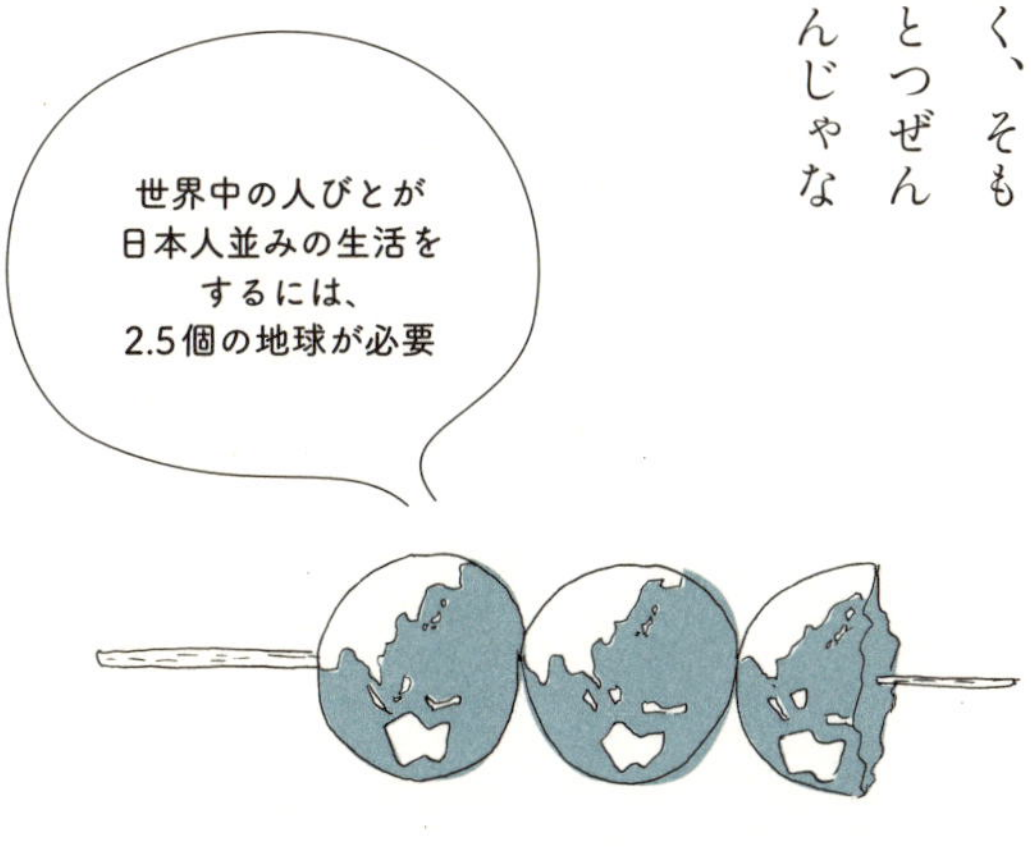
世界中の人びとが
日本人並みの生活を
するには、
2.5個の地球が必要

オフィス街を歩きながら、ここにじぶんの家を建てるとしたらどんなふうにしたいか考えよう。

首都高を走りながら見える夜のオフィスビルが好き。場所によっては道路とたてものの距離がとても近くて、なかで働いている人の様子、事務机やキャビネットの配置、そして生まじめに並ぶ蛍光灯まではっきりと見える。昼間はビルのかたちだけが目立って、ただのかたまりにしか見えないのだけど、夜はたてものの外形のシルエットが闇に溶け落ちて、代わりになかの空気のかたまりだけが浮かび上がる。そうか、そこにはちゃんと空間、人間の居場所があるんだ、というあたりまえのことを思い出して、少しほっとする。

　電気がついている部屋が少ないビルを見ると、「この人たちだけ、なんで遅くまで働いているんだろう。なんかミスったのかな」と憶測したり、「そこから見えないかもしれないけど、あなたのビルのほかの階の人たちは、もうほとんど帰ってるんだよ」

『東京とニューヨークの夜間人口密度』

と伝えたくなったり。なんとも演劇的な体験だと思う。

東京の中心部（都心三区：千代田区、中央区、港区）の人口を調べると、1955年の段階では55万人ほどいたのに、そこから減り続けて1995年には24万人。半分以下になってしまった。小学校や商店、病院や幼稚園もどんどんなくなって、夜は道路と街灯とビルだけのまちになってしまった。みながスーツを着て、いろいろな肩書きをまとって働くオフィス街はたしかに演劇の舞台装置にも見える。けれども劇場ってロビーとかホワイエとかカフェとか控え室とか稽古場とか、そういったものがぜんぶそろってたのしくなるのであって、主役はあくまで人間だ。がらんどうの夜の劇場はただの箱にすぎない。

そういうときは自分がたくましい開拓者になったふりをして、そこから立ち去るのではなくて、そこでしかできない新しいくらしを想像してみるのがいい。だれもいない夜のオフィス街を、こっそりたのしい生活の舞台へ演出できないか考えよう。鉄とコンクリートのかたまりをまるで自然の地形のようにとらえて、その場所に野蛮に誇り高く棲《す》む方法を、快適な巣をつくる方法を、あれやこれやと想像してみる。とびきりワイルドでたのしい生活ができないか、企ててみる。

ユニットバスの値段で
何回銭湯に行けるか
計算してみよう。

1000
1000
1000

昭和の初めごろ、東京には3千近くの銭湯があったらしいけど、最近とうとう千を切ってしまったという。風呂なしトイレ共同の木賃アパート、というのが貧乏学生の定番だったころ、銭湯というのは必需品で、日常のちいさな贅沢でもありました。

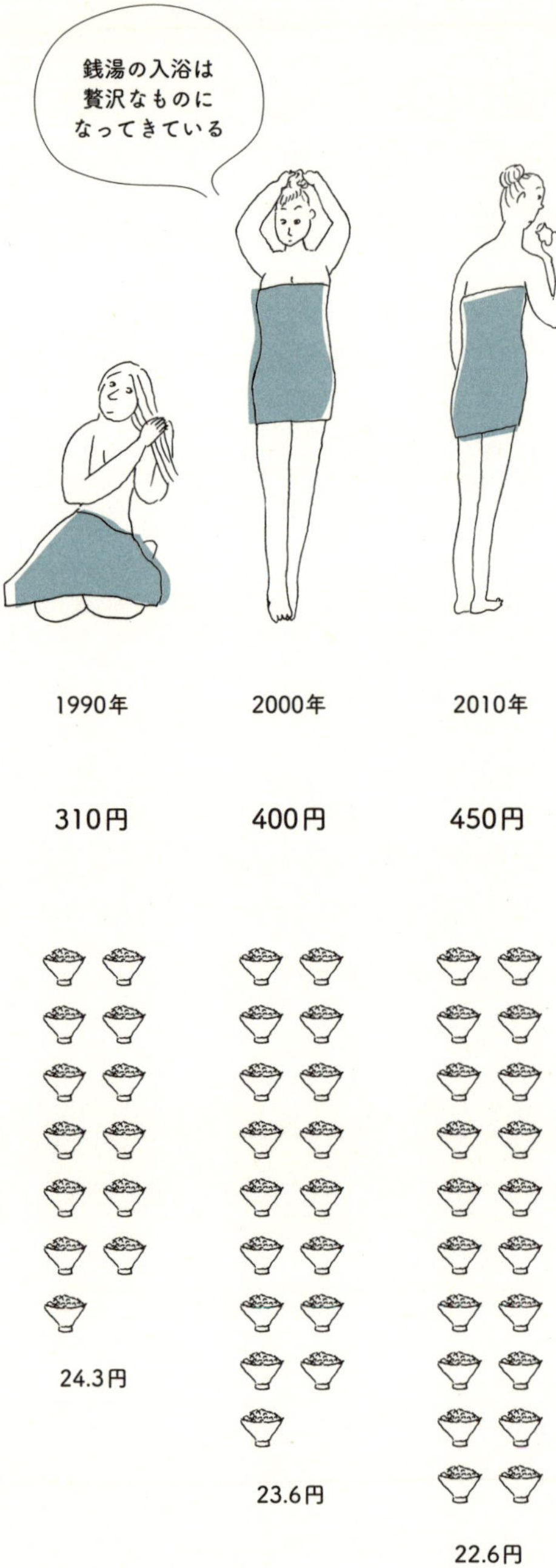

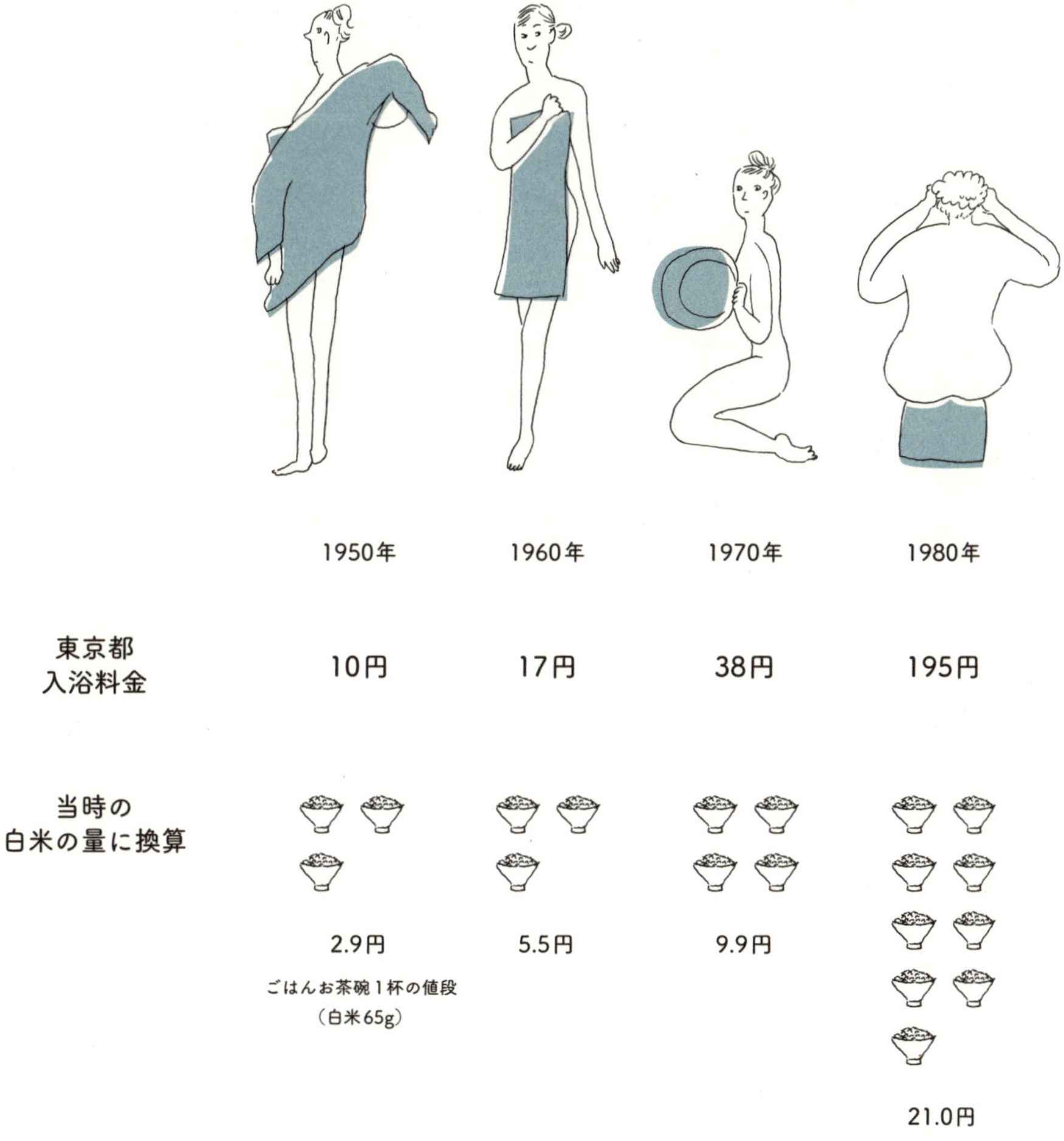

	1950年	1960年	1970年	1980年
東京都 入浴料金	10円	17円	38円	195円
当時の 白米の量に換算	2.9円	5.5円	9.9円	21.0円

ごはんお茶碗1杯の値段

『都内の入浴料金と白米の値段の推移』

注：米価は全国消費者米価（1950～71年）、標準米・特例標準価格米（1972～95年）、指定標準米価格（1996～2004年）、ブレンド精米小売価格（東京特別区、2010年）より換算

現在つくられる集合住宅では、風呂なしのアパートというのは皆無で、どんなちいさな部屋にも玄関わきにユニットバスが据え付けられていく（だからワンルームマンションの玄関というのは、いつも貧相なのだと思う）。せまい部屋ではトイレと一体化したものも多く、便器のわきに添えられたちいさなバスタブに入るくらいだったら（実際にはお湯をためることは少なく、シャワー利用がほとんどのよう）、台所で裸になって堂々と広々と体をふくほうが気持ちがいいんじゃないか、とも思ってしまうよ。

現在の東京都の公衆浴場の入浴料は450円で、毎日利用するには少し高すぎるけど、じつはぼくもよく活用します。なんとなく時間が余って、通りすがりにたまたまあったお風呂屋さんに飛び込むのはたまらない。お湯のなかで十分に手足をのばし、ぽかぽかの体で外に出たときのあのほっこり感は、なににも代えがたいと思う。

たとえばいま、風呂なしの住まいを企画してみよう。ユニットバス1台の費用を、設置費込みで100万円とすると、銭湯の2200回分だから、毎日通ったとしても6年以上通える。たとえば毎日広いお風呂に入れて、その分部屋も広くなるんだったら、少なくとも4～5

年くらいは、賃貸でそういう生活をたのしむのもいいと思う。飽きたり疲れたりしたらまた別の人に貸せばいい。もう少し発展させると、20世帯くらいの小規模な集合住宅で、部屋に浴室がない代わりに、専用の大きなお風呂がひとつあって、24時間好きなときに入れたほうが、建設費も光熱費もきっと安上がり。もちろん部屋だって広くなる。

こういう話を不動産屋さんにすると「いやいや、そんなの無理でしょう。借り手つかないですよ」と笑われて終わってしまうのだけど、こっちはまじめに、そういう住まいがたまにはあってもいいと思うのだよ。無尽蔵に大量コピーされ続けるワンルームマンションよりは、きっと豊かだ。これからは多様性の時代なのである。

たとえば、そのマンションに住むリタイアしたお年寄りが番台や掃除のアルバイトをして、だれかが田舎から送ってもらったお米や野菜をそこで分け合ったり、あるいはお風呂に来なくなった住人の健康を心配したり。共同でマッサージチェアを買うのもたのしいかも。楽天的すぎるかもしれないけれど、たのしい妄想というのはいつもどんどん加速していくし、そうやって願い、イメージすることはいつか必ず実現するというのがこの世界の真理。

日本中に
地主が何人いるか
当てっこしよう。

東京の典型的な住宅地をあらためてじっと見ていると、たてものの たち方がすごく日本人的だなと思う。人がたてものをつくっているのか、たてものが人をつくっているのか、よくわからなくなってくる。決して広くない敷地にたつ家々は、行儀よく整列していて、それぞれふれることなく、わずかなすきまを正しくキープして、となりのことはたいして気にしてませんよ、だからこちらにもかかわらなくていいですからね、って横目で言ってるみたい。海外で見知らぬ日本人に出会ったときの気まずさ、みたいなあの感覚と似ていると思う。まちはつねにどこかで工事をしていて、たてものもどんどん入れ替わっているのに、そういう変化を反発することなく受け入れて、でも見ないふりをしているような、そんな感覚。もろく壊れやすい個体と、そんなことではびくともしない強靭な雑多さをあわせもつのが、東京の特徴だと思う。ぼくは日本人だから、なんとなくその気持ちもわかるし、いろいろ問題はあるけれど、そういう成り立ち方もきらいではないなあと思うのもまた事実なわけで。

ところで地主さん（正式には土地所有者）は全国で約4000万人もいるそうです（マンション所有者をのぞく）。ということは、だいたい日本人の3人に1人は土地を所有しているということになる。びっくり。土地所有の制度自体が異なるほかの国とは単純に比べられないけれど、たとえば、ロンドン中心部はごくわずか少数の伯爵家の所有地だし、対して日本は公営住宅の割合もかなり低くて、個人所有の土地やいえがほとんどなのです。

つまり日本の国土は、かなり細かく切り刻まれて、持ち主たちが基本的には自由に好きなものをたてている。権力者が大なたを振るってつくり上げたパリの都市計画や、もはや人間のためではなく、企業と資本のために異常発達したニューヨークの摩天楼とも大きく異なる。道路にまで生活がにじみ出るような、開放的なアジア特有のまち並みも、東京ではほとんど見られなくなってしまった。

アジア各国の都心部の風景が東京に近づいているいま、戦後おどろくべき速さで経済成長し、その速さを維持したまま少子高齢化・縮小化していく日本は、まちの風景という点でもこれから未来の先例となるだろう。東京のまち並みは一見無秩序に見えるし、ヨーロッパによく見られる街区と一体となった「歴史的建造物的住宅群」に比べて美しくない、という人もいるけれど、小さなブロックがそれぞれ独立し

グロブナー家（1677年～）
〔現在の所有者〕
ジェラルド・キャベンディッシュ・グロブナー
〔爵位〕
ウエストミンスター公爵
〔資産〕
推定90億ポンド（約1兆1,250億円）
〔所有する土地の面積〕
メイフェア地区に100エーカー（約12万坪）、
ベルグラビア地区に200エーカー（約24万坪）ほか

『メイフェア、
ベルグラビア地区（ロンドン）の所有者』

ながら着々と更新されていくさまは、少なくともシステムとしてはおおきな可能性をもっていると思うし、なにごとにも実直で極端で、ときどき変なバランスのものが異常発達するこの国の文化は、なにか新しい可能性を秘めている予感もする。

じぶんの敷地にいえをたてるときに、大がかりな都市計画とか、まち全体の魅力みたいなことを考えるのはなかなかむずかしいけれど、まずはいえのまわり、向こう三軒両隣くらいの環境もついでによくなるといいなあ、じぶんの敷地よりもひとまわり大きな範囲が自分の場所みたいに感じられるといいなあ、とみんながすこしずつ考えれば、じつはかなりの速さで日本の風景はぐっとよくなる、と思うんです。

自分の部屋から
みちに出るまでの時間を
計ってみよう。

震災による停電でエレベーターが止まったとき、高層マンションの最上階に住むおばあさんが、高熱の孫をおぶって階段を下りたら、玄関に着くまで2時間かかった、という話を聞いた。おお、ファンタスティック。家族愛ってすばらしい。……と片づけていいんでしょうか。なにかまちがっているような。

一定規模以上のたてものには予備電源つきの非常用エレベーターが義務づけられているはずだけれど、想定外のできごとが起こるのが災害です。これは普遍の摂理。建築基準法上定められている避難距離も、室内各所から避難用の階段までの距離だから、階段の上り下りの距離については特に定められていない。

エレベーターは建築史のなかでも超ビッグな発明で、単に便利なだけでなく、それまでのまちの風景を一変させた。そのメリットは計り知れないけれど、水平移動を旨とする人間という動物にとって、垂直にすーっと移動することは本来もっている身体感覚を、基本的には超越していると思う。ぼくの場合、5階くらいまでなら、たとえば地上から15mくらいだから、階段で上ったらけっこうへばるな、とか、落ちたら死んじゃうだろうな、と想像がつくのだけど、それ以上となる

『集合住宅の階数別割合の推移（日本全国）』

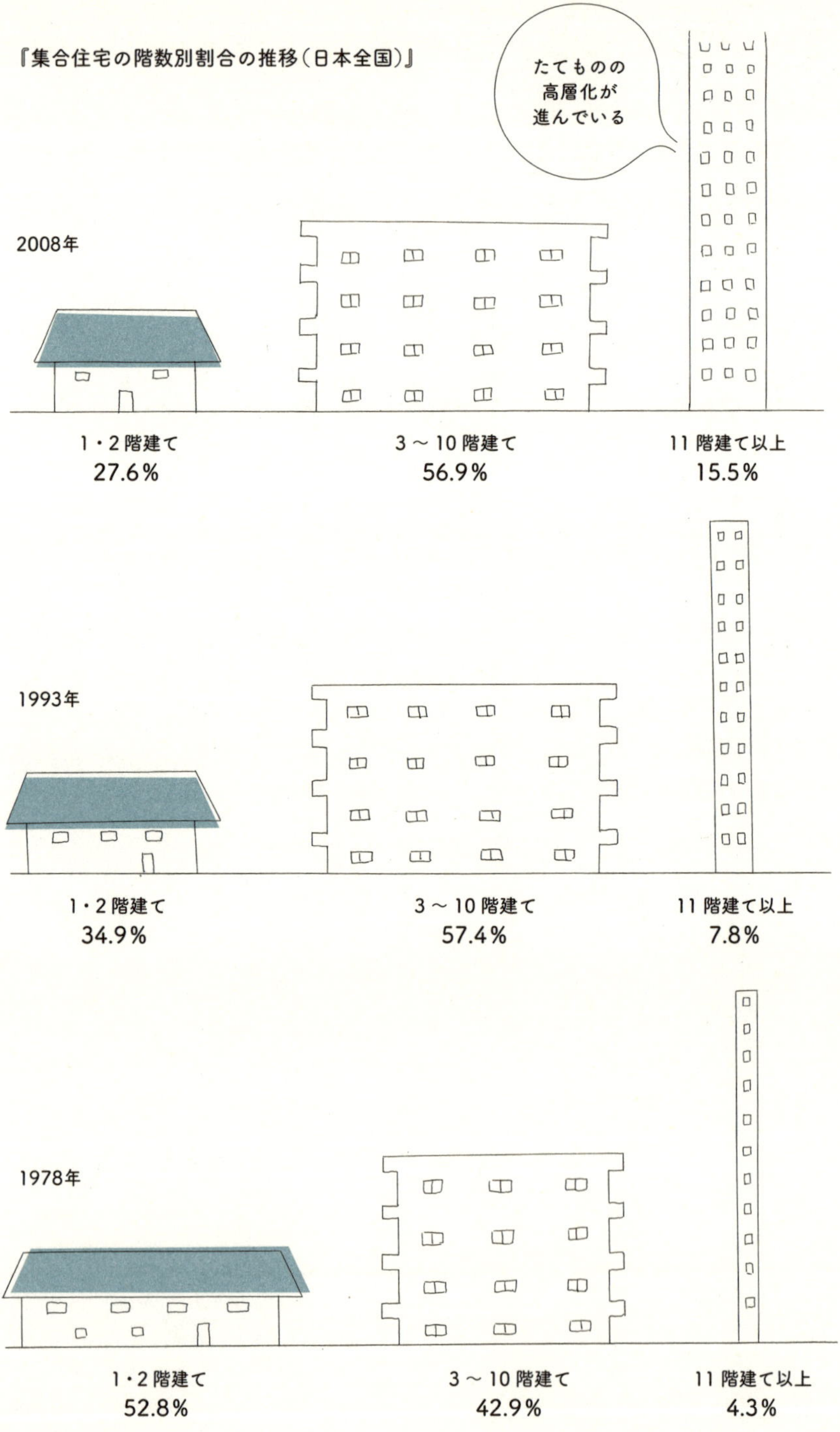

とそれは身体的な想像を超えてしまって、一律「すごく高い」になってしまう。たとえば地上30階に住んでいるという、ほんとうの意味での肉体的実感は、停電にでもならない限りもてないと思う。上空100mと、水平距離100mはぜんぜんちがうのだよなあ。

それでも大規模なタワーマンションは人気があるし、階が上がるほど家賃も高く、値落ちもしにくいらしい。眼下にまちを見下ろす、ということに対する潜在的な満足感のようなものが、人間にはあるんだろうね。市井の人びとから距離をおくことが豊かさの象徴であるという、征服願望があるのかも。ぼくは共感しないけど。

ただはっきりしているのは、高層マンションのナンセンスさを批判するのはかんたんだけれど、いちばん大切なことは、大地に近いところで生活したほうがたのしいと思える、みちや、自然や、近所づき合いを含めたまちを、地上にみんなでつくることなのだと思う。そうすれば、たてものの形状も外界とのかかわり方も、おのずから変わっていくにちがいない。

景気がわるくなって土地が売れなくなると、多くの地主さんは、どうせ土地をあそばせておくなら、せめて固定資産税くらいは、ということで初期投資の低いコイン・パーキングをつくってしまう。そうやってまちの中心部にぽつぽつとちいさなコインパーキングが増殖していくことを、皮肉もこめて「骨粗鬆《しょう》症のまち」と呼ぶらしい。必要な場所に駐車場をつくるという話ではなくて、ましてやまち並みや活気とかとはまったく無関係の、社会の制度と個人の都合。そしてそういう活動の尊重が個人主義であり資本主義なのです。

いま現在、東京23区のくるまの数はおよそ２３０万台で、赤ちゃんも含めておよそ3.8人に１台くらい所有されていることになる（ちなみに全国平均は1.6人に１台）。ということは、自宅にはそれを停める車庫があるということだから、仮に１台あたりの駐車スペースを15㎡とすると、35㎢、これはなんと杉並区の面積とほぼおな

まちじゅうの駐車場を こどもの遊び場に戻そう。

じです。じゃあ自宅以外はどうなるかというと、東京都道路整備保全公社によると、まちなかの月極をのぞく時間貸駐車場は23区内でおよそ24万台で、3.6㎢（場内通路などを除く）。これだけでも代々木公園の6倍以上もの面積。

たとえばカーシェアリングなどをもっともっと推し進め、20人で1台くらいの所有にすれば、自宅の駐車場はもちろんのこと、時間貸駐車場も大幅に減るんじゃないかな。代々木公園5つ分くらいは軽くいけると思う。

くるまが売れなくなって、こまる人はいるかもしれないけれど、その技術と労力を結集させて、今度は都市環境やたてものを発展させてくれたらどんなにいいかと思う。そこかしこにちいさな空き地があって、カジュアルにコンビニエントに活用できたら、毎日の生活だってもっともっとたのしくなるし、災害対策にもいいだろう。雑然とした、けれども世界にとっては必要な、こまごまとしたことを受け入れる空間的なゆとりのようなものを、もっと身近にちりばめておけば、おとなたちだって新しい空き地あそびをたくさん思いつけると思う。

高度成長期に
駐車場台数は
一気に増えた

1983年……1,091,756台

2008年……4,186,817台

1958年……6,049台

『駐車場総供用台数の推移（日本全国）』

今日1日に何人と話したか、
かぞえてから寝てみよう。

2005年に発表されたOECD(経済協力開発機構)の報告書によると、国際的に見て日本はもっとも「社会的孤立」度の高い国であるとされている。じゃあその社会的孤立ってなんなの? どうやって計るの? と思って調べると、それは家族以外の人との交流やつながりがどれくらいあるか、ということだそうで、じゃあ交流やつながりってなんなのさ、と思うと、それは実際に会うひんぱんさを指しているとのこと。なんだ、それってすごい主観的じゃん、第一ほんとうに大切な友だちというのは、ほとんど会わなくて疎遠になったとしても、もっと深いところでゆったりつながっているものでないかい、などとツッコミたくもなるのだけれど、さすがに世界1位となるとなんだか心当たりもあるような気がしてくるこの罪悪感。

この調査、ふしぎなことに各国の全体と、低所得者のみの数値が並べられていて、日本はどうやら低所得者のほうが孤立度がすこし高いらしい。ひとりぐらしのお年寄りとか、仕事と育児に追われるシングルマザーを想像すると、むりもないのかなあ、と思ってふとおとなりの2位のメキシコと比べるとこれがまったく逆。ラテンなかの国では、全体に比べると、高所得者の孤立度がぐっと高いのである。

近代都市計画の「ゾーニング」という概念は、働く場所と生活する場所をきっぱりと分割することで、そうすると仕事の効率も上がるし、交通インフラも整理できるし、整備もしやすくなる、ということだった。その結果、会社のなかでの結びつきと家族のなかでの結びつきがどんどん強くなり、代わりにそれ以外の結びつきがどんどん失われていった。空間は会社ごと、家族ごとにきっぱりと分割されて、そのなかでは共同性、同調性が求められ、一歩外に出るとまわりは赤の他人、という空気。ところが生涯雇用の習慣が失われ、核家族化が進んで、もはや個人化になりつつある日本の職住環境では、そういった限られたコミュニティすら失われつつあり、日本人は世界で類を見ないほど孤独になってしまったようだ。

ぼくは建築家だから、心と体は結びついている、という代わりに、心とまちは結びついている、と言いたい。20世紀のまちは人間全体の「経済発展したい」という潜在意識がつくり上げ、その結果まちは人にたくさんのものをもたらし、それとおなじくらいたくさんのものを奪った。お金や効率を最優先することをやめて、人間のもっと本質的な、なまなましくてばかばかしくて、そんなこととしてなんになるの、

フランス……8.1％

『社会的孤立の状況の国際比較（1999〜2002年）』

注：友人、同僚のほか社会的にかかわるグループの人と「全くつき合わない」「めったにつき合わない」と答えた比率の合計

と言われるような、それでも生きることの大事な要素であるようなもののための場所や時間を、たくさんまちにちりばめていけば、孤立度なんて数字にびくびくしなくなると思う。

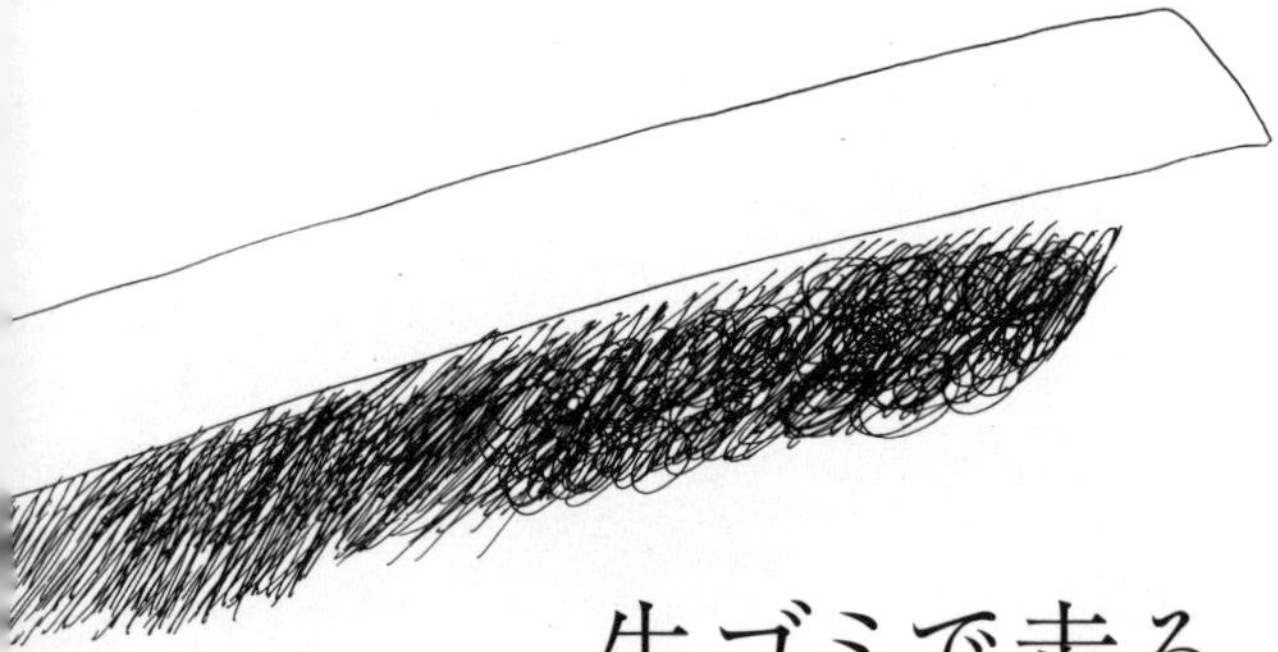

生ゴミで走る
新しい乗りものの
ネーミングと
かたちを考えておこう。

海外へ行ったときに、そのまちならではの交通機関に乗るのはとてもたのしい。バンコクで夜風に当たって、エンジンに負けないくらいの大声でどなりながら乗るトゥクトゥクは最高だし、アムステルダムの運河沿いをのどかに走るトラムは、客席と地面や水面との近さが心地よくて、まちを移動するたのしさが身体的に伝わってくる。ヴェニスのゴンドラの華麗な櫂《かい》さばきは、まるで船全体が操縦士の体の一部のよう。ユングフラウの斜面をのぼる力強い鉄道も、ほれぼれするくらい剛健で勇ましかったなあ。

まちと交通が一体となっている風景はとても豊かだ。まちが交通をつくり、交通がまちをつくる。単に地形だけでなく、くらしやライフスタイル、価値観などをいきいきと映し出すから、公共交通にふれると、その場所のなまの様子がよくわかる。

日本が誇る自動車メーカーも最近になってようやく、ひとり乗りの電動自動車などさまざまな新交通の開発を始めたようだけれど、巨大企業だけあって発想がどこかユニバーサルというか、最大公約数的なところが否めないよ。もうすこしピンポイントで、場所に根ざしたデザインがされていて、しかも単なる移動というよりも生活の一部であるような乗りもの。同じパッケージの中身のスペックを追い求めるのではなくて、ほんとうにその場所に最適な交通手段。そういうものを面倒くさがらずにたくさん開発して、場所に応じたオリジナル交通がたくさんあったら、まちはぜったいたのしくなるのに。

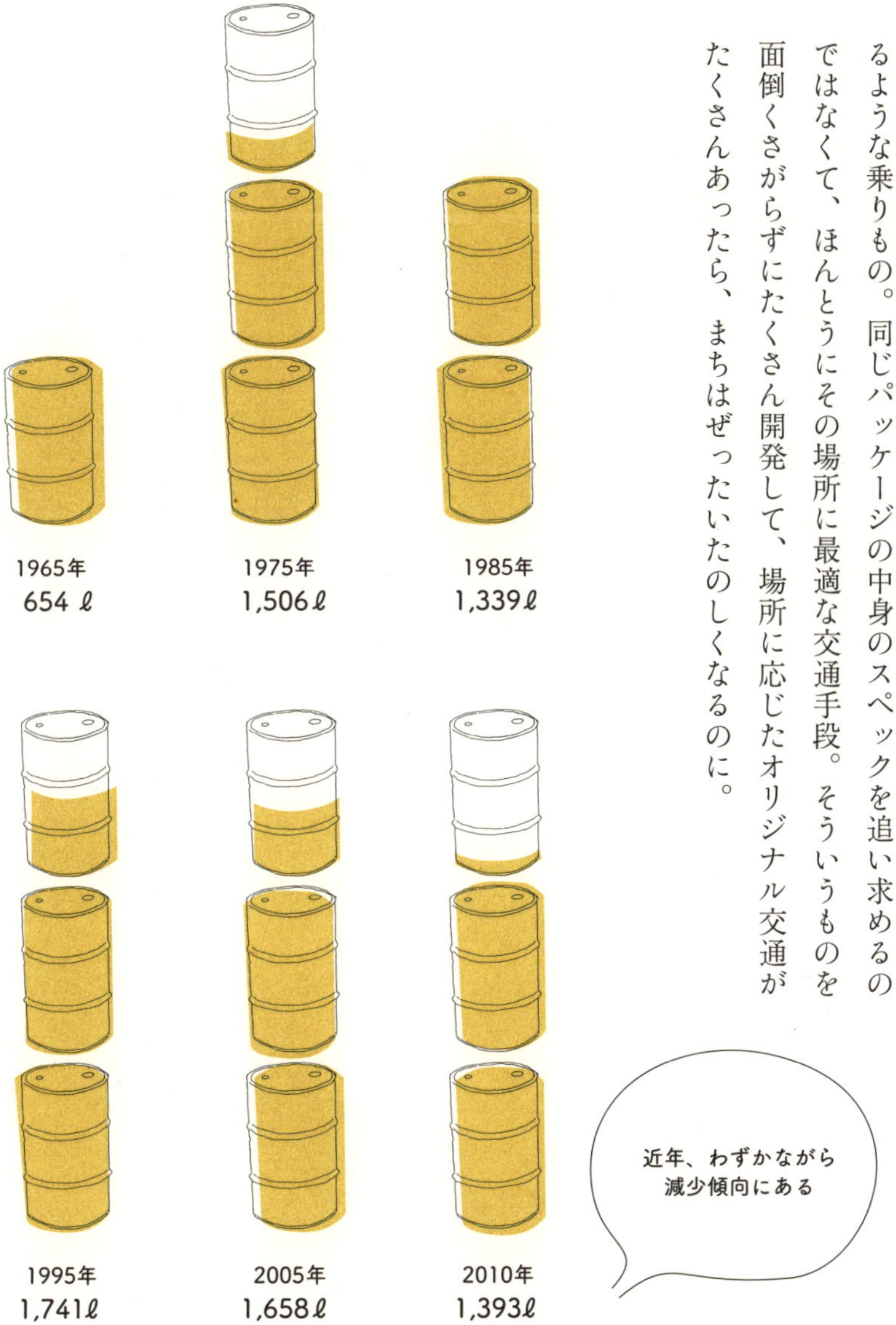

『日本人ひとりあたり石油消費量の推移』
注：石油1ℓあたりエネルギーを10,000kcalとして換算

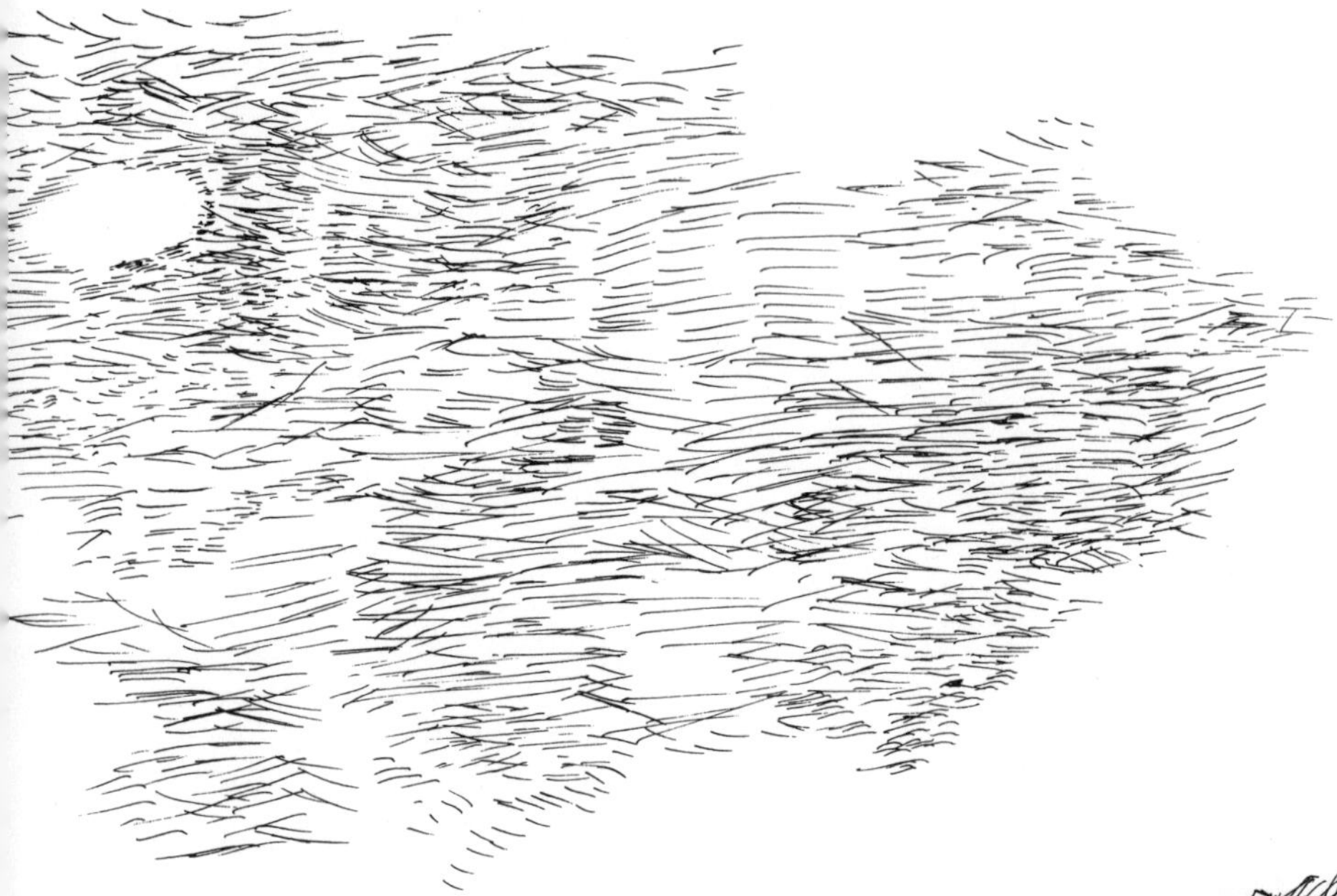

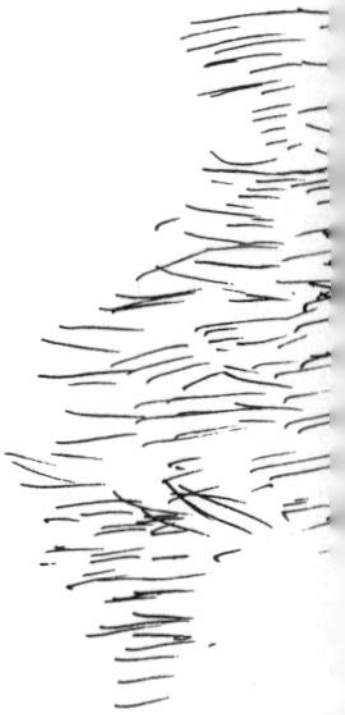

おじいさんになったら
一緒にくらしたい友だちに
いまのうちにお願いしてみよう。

たとえば古代ローマのまちを想像すると、シワシワのおじいさんがまちじゅうをうろうろして、鳥を眺めながらしかめっ面でじっと考えごとをしたり、泉の前に集まっては延々と議論していたりしたのだろうなあ、などと思うのだけど、よくよく調べてみると、当時の平均寿命は20代前半。そうかあ、プラトンもソクラテスも、なんだかもう生

2011年……88.1％

1986年……33.0%

『老後の生活が「心配である」と考える日本人』

注：世帯主が60歳未満の世帯が対象

まれながらにしておじいちゃんかと思っていたのになあ。なんだか裏切られた気分。長生きのアリストテレスが死んだのがいまのぼくと同い年だなんて。

日本に限ってみても、平均寿命が40歳を超えたのは20世紀になってからだし、60歳を超えたのはついこのあいだ、１９５０年である。つまり長い人類史上、おじいちゃんやおばあちゃんはすごくめずらしい、マイナーな存在だったのです。つえや車いすが必要になったり、物忘れがひどくなる前に、ほとんどの人は天に召されていくわけで、当然ながら老人ホームとか高齢者向け医療なんてものは必要なかった。だからこれから迎える高齢化という問題は、国によって時差はあるものの、人類が初めて直面する問題なのです。

医療や福祉の問題も大事だけれど、まちやたてもののデザインもとても大切な問題だ。古代、中世のまちはもちろんのこと、20世紀の都市計画だって、高齢者のことなんてぜんぜん考えていないのだから。

とりあえず身近なところから考えると、50年後には道行く人の半分くらいは老人になって、歩いたり話したりするスピードも全体的にかなりゆったりするだろう。新聞や看板の文字もいまよりずっとおおきくなってるかもしれない。くるまの運転もそんなにできないだろうから、公共交通が発達してて、買い物だって宅配サービスにお願いしたくなる。そして住まいは。

いえというのはじつは意外と変われない。数十年はもつのがあたりまえだから、たとえばいまどんどんたてられているタワーマンションやワンルームマンションというのは、まだそのころにもたくさん残っていると思う。けれども肝心の住人が、そのころにはすっかり変わってしまっている。

年老いた身に高層階は正直キツいかな、と思う。ワンルームのひとりぐらしだって、もしものときを考えると不安だ。いや、緊急のときじゃなくても、年をとったらまわりに迷惑をかけるのがあたりまえなのだから、それだったら迷惑をかけたりかけられたりしながら、寛容にわいわい生きていきたい。

年をとってひとりぐらしをするくらいなら、血がつながっていなくても気の合う友だちと、一軒家を借り切って新しい「家族」をたのしむのもいいと思う。サザエさんや寺内貫太郎一家みたいな大家族を、同世代のおじいちゃん同士で演じてみたり。ふふふ。

大冒険できる
宝の地図をつくろう。

こどものころ、すぐ近くに住んでいたいとこのあやこちゃんと、毎日あそんでいて、当時はテレビゲームとかはなかったから、絵を描いたり、レゴをしたり、クッションで秘密基地をつくったり、という感じだったけど、ぼくがいちばん好きだったのは宝地図ごっこ。これは、いえや庭や近所のいろんなところを冒険して、最後に宝をさがし出すあそびで、まずどちらかひとりがどこかに宝を隠して、そのほかにもちいさな仕掛けをたくさんつくりながら、宝の地図を描き、もうひとりはその地図を頼りにいえの内や外を駆けめぐる、というルールだった、たしか。

ぼくは宝の地図を描くのが好きで、たとえばテーブルを動物のかたちの岩に見立てたり、トイレを沼に見立てたり、盆栽を森に見立てた

『自分が所属する地域として
日本人がまず意識するもの』

注：全国18歳以上男女1,000サンプル
程度の回収を基本とした意識調査の結果

りして、大冒険の地図をわくわく描き上げるのだけど、でもいつも、とてもわかりにくくて、それに引きかえ、のちに美大に行ってデザイナーになるあやこちゃんは当時から絵がうまくて、宝のありかまでスムーズに行くことができたなあ、となつかしんでいたら、そのときのカーペットの肌ざわりとかヒイラギのとげが刺さったときの痛さとか、クレパスのにおいとか、とつぜんありありとよみがえってきたよ。

見慣れた身のまわりの世界を、見慣れないもののようにとらえて、それを記述するというのはとても高度な創造だと思う。固定観念にとらわれないで、身のまわりの世界を原始的に、野性的に感じ取るということ。そういうまなざしをもって生きていくということは、その世界での新しい過ごし方、新しい使い方を生み出すためにとっても大切なことのように思うのです。

いまなら、もう少し範囲をひろげて、まちまるごとの地図をつくって、そこに住む人たち全員参加でやりたいなあ。宝さがしが終わるころには、ふだん行くことのない近所のいろいろなところを歩きまわって、気づかなかったことにたくさん気づいて、まちを前より好きになって、そしてみながすこしだけ誇り高く勇敢になっていると思う。

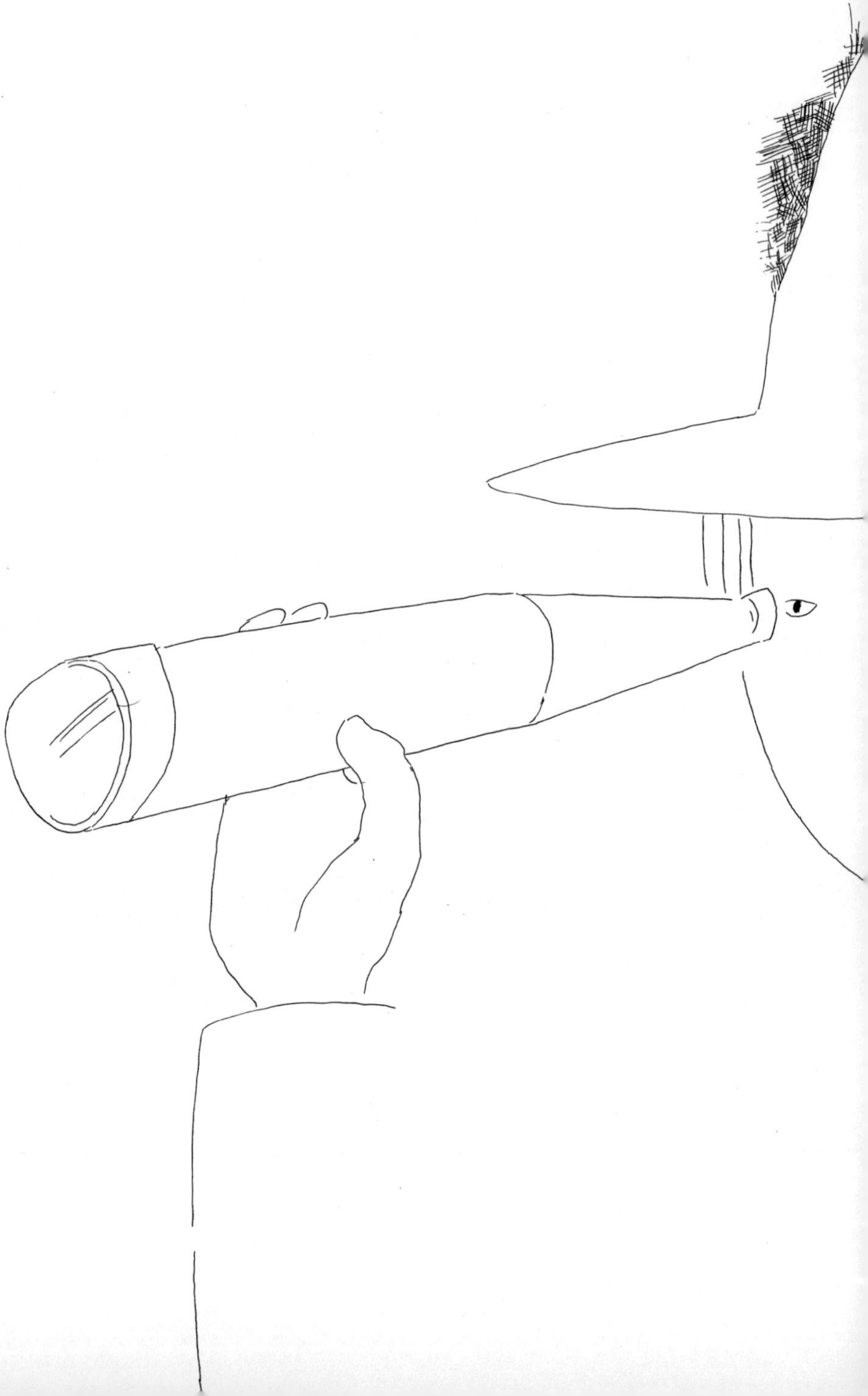

いつかじぶんの
こどもや孫が
おおきくなったときに
一緒に住みたい
まちをつくろう。

この広い世界はじぶんの知らないことばかりで、知らないまま死んでいくこととか、行けずに死んでしまうすばらしい場所も、きっとたくさんあって、まあそれはしょうがないことだよなあ、でもじぶんがかかわれないたくさんのことがあるからこそ、この一日、このひとときを大切にしようと思うのだよね。けれどもたとえば人ごとだと思っていたことが、じつはじぶんにすごく近いことだったり、じぶんが当事者と知らぬうちに、だれかに負担や迷惑をかけていたことがわかったときの、あのどきり感というか、知らなかったじぶんへの罪悪感というか嫌悪感というか、ああいう思いはすごく嫌だよね。

人間はひとりでは生きていけないし、ほかの生きものを食べてやりくりしているから、そもそも生きているだけで、いろいろな迷惑をかけていると自覚したうえで、そういったことに日々感謝していくしかないと思う。じぶんが生きているあいだ、そういったことを認め、受け入れてくれたこの世界自体に。

その感謝の気持ちというのはじつはうまくできていて、じぶん自身が生きたこの世界、毎日歩いたまちや、だれかと一緒に住んだいえ、思い出がしみこんだ場所を、じぶんのこどもや孫が大きくなったとき

まで、残してあげたい、そして彼らもいつかおなじように感じてほしい、と自然に願う気持ちとすごく近い。もし仮にじぶんがいるこの世界に愛情をもたず、その代わりに、生きているあいだに使い切れないほどのお金や肩書きを求めることにエネルギーを集中させて、そしてそういう人がどんどん増えていけば、結果的に世界は貧しく、まちはむなしいものになっていくだろう。

たかだか100年足らずのじぶんの人生を受け入れてくれた、この悠久の世界を敬わずに、それをコントロールすることなんてできるわけがない。どこまでいっても防ぎ切ることのできない自然災害というものにたいして、人間はこれからも数多く傷を負っていくだろう。そういったことにたいするあきらめ、死ととなり合わせにいるという恐怖感のようなものは、つねに抱えて生きていくしかない。そしてそういった絶望にも似た気持ちを救うのは、嵐が過ぎ去ったあとの晴れわたる自然の表情や、立ち上がってまた進んでいくこどもや孫の未来のイメージなのだと思う。リスタートできるという希望は、いつまでも青年の勇ましさを運んでくれる。

個人利益の追求が集団の幸福につながる段階、経済成長が社会の成長と呼べる時代は、残念ながら終わってしまった（じぶんがこの世界に生まれるタイミングはじぶんで選べないのだ）。50年後、じぶんはどうせ死んでこの世にいないし、いまのところ直接的な被害は受けていないから、それよりも今日明日のもうけや便利さのほうを取るね、って考えている人、そういうシステムを推し進める人たちは、これからの残りの人生のどこかできっとしっぺ返しがくると思う。いま生きている人は、ひとつしかないこの世界の、いまそこにある問題と向き合い、いましかできない解決方法を考えて、そしてつぎの人たちへ引き継ぐという根本的な義務がある。じぶんが生きているあいだに、野菜を育てられない土や、泳ぐことのできない海をつくってそれを未来に押しつけるなんて、そんなむごいことがあってはいけない。

くらす場所、くらし方をデザインする権利はひとりひとりにある。だからこそ、個人的な人生の豊かさが、そのずっと向こうで未来の世界の豊かさと地続きになっている、という重圧と希望を抱えながら、新しい生き方をみんなで毎日すこしずつ発明していこうよ。

内閣府「平成 22 年度 第 7 回高齢者と意識に関する国際比較調査」(p13、p90、p120)

日本エネルギー経済研究所計量分析ユニット編『エネルギー・経済統計要覧 2012 年版』
省エネルギーセンター、2012 年（p201）

日本電線工業会統計（p100）

日本道路協会「世界の道路統計」2005 年（p28）

農林水産省「米麦等の価格取引調査」(p174)

農林水産省「米価格に関する資料 平成 15 年 12 月」(p176)

長谷川善明、井上隆「全国規模アンケートによる住宅内エネルギー消費の実態に関する研究」
『日本建築学会環境系論文第 583 号』2004 年（p148）

『毎日新聞』2004 年 11 月 27 日（p116）

ミシェル・ドヴェーズ『森林の歴史』文庫クセジュ、1973 年（原著 1965 年）(p104)

森ビルウェブサイト「MID - TOKYO MAPS」(p170)

Department for Communities and Local Government, *English Housing Condition Survey 2007*（p44）

Department for Communities and Local Government, *Housing and Construction Statistics,* 1996, 2001 (p50)

Insee, *enquête logement 2006*（p44）

OECD, *Economic Policy Reforms 2011: Going for Growth*（p29、p33）

OECD, *OECD Environmental Data Compendium 2002*（p55）

OECD, *Society at a Glance: OECD Social Indicators*, OECD Publishing, 2005, 2009（p71、p196）

UN, *Demographic Yearbook*, 1987, 1990, 1995 (p37)

U.S. Census Bureau, *American Housing Survey for the United States*, 2001, 2005, 2008（p44、p50）

The Economist, 2009（p142）

出典

NHK放送文化研究所「2010年 国民生活時間調査報告書」2011年（p33）

NHK放送文化研究所「日本人の意識・2008」2008年（p75）

NHK放送文化研究所「日本人の好きなもの」2007年（p127）

『英国ニュースダイジェスト』2007年11月8日（p182）

川崎市役所「平成15年度 市民ごみ排出実態調査」（p148）

環境省編「平成19年版 環境白書・循環型社会白書」（p166）

金融広報中央委員会「家計の金融行動に関する世論調査」（p204）

クラレ「アンケート：将来就きたい職業」2011年（p84）

国土交通省「建築物ストック統計」（p67）

国土交通省「住生活基本法の概要」2006年（p50）

国土交通省「平成20年度 首都圏整備に関する年次報告」（p95）

国土交通省自動車交通局『平成22年度版 わが国の自動車保有動向』
自動車検査登録情報協会、2010年（p191）

時事通信社「時事世論調査特報」2010年8月（p78）

週刊朝日編『値段の明治 大正 昭和 風俗史』朝日新聞社、1981年（p174）

住環境計画研究所「暮らしとエネルギーと節電対策」2011年（p108）

水道技術研究センター「平成20年度における基幹管路耐震化率」（p18）

墨田区ウェブサイト「雨水豆知識」（p158）

総務省「小売物価統計調査」（p174）

総務省「平成22年 国勢調査人口等基本集計結果」（p36）

総務局「平成18年 社会生活基本調査」（p142）

総務省「社会生活統計指標」（p152）

総務省「平成20年 住宅・土地統計調査」（p24、p44、p131、p186）

総務省統計研修所編『世界の統計2012』総務省統計局（p36）

電通総研・日本リサーチセンター編『世界主要国 価値観データブック』2008年（p40）

電通総研・日本リサーチセンター編『世界60カ国 価値観データブック』2004年
（p40、p62、p210）

東京都公衆浴場生活衛生同業組合ウェブサイト（p174）

東京都生活文化局「平成23年度 第6回インターネット都政モニターアンケート
家庭や街中における節電対策」（p162）

東京都総務局「住民基本台帳による東京都の世帯と人口（平成24年1月）」（p112、p147）

統計数理研究所「国民性調査」（p75）

おわりに

数年くらい前から、東京で生活しているとなにか重苦しいものにとりつかれているような感覚がありました。世の中が奇妙にずれてきているような、バランスを欠きながらすさんでいっているような、理由のはっきりしない不穏な気持ちがよどんだ流れとなって、足元をゆっくり流れているような気分でした。異常気象とか理解できない犯罪とか、そういった目に見えるものだけでなく、もっと奥深くの、世界の大きな仕組みや意志決定、人間どうしや地球との関係までも、自分の理解を超えたところで好ましくない方向に舵を切られてしまったような、絶望の予兆のようなものでした。

２０１１年の春、途方もない天災と、それによって引き起こされた壮絶な人災によって、そういった不安はまさに断層のようにいっぺんに露わになって、この世界に生きるすべての人に、ある種の覚悟を植えつけました。それは死です。

自然はたくさんのものを与えてくれると同時に、ときに容赦なく命まで奪うし、便利だと思っていたさまざまな技術は、ときに自然とは比較できないほど残酷な方法で人のこころとからだを蝕むこともわかりました。どこまでいっても逃れられない、どんなにお金があっても打ち勝つことのできない死というものと、誰もが隣り合わせだということに、人は気づきました。

ついこの間までの、自分に関係のある人やものや場所だけ考えて、無邪気に楽しんでいたあの時代に戻ることは、残念ながらもうできません。けれども、最初から与えられたものだと思っていたこの世界のルールが、実はとても胡散臭くて、多くの場合間違っていて、むしろ自分の好みや直感、本能のようなものを信じたほうがよさそうだ、言葉にならない自分のささやかな感覚と、この広い世界の成り立ちは地続きだと多くの人が思い始めています。これは希望です。

こういうことを書くと、幼稚だとか内容がうすいとかリサーチが足りないとか、言われるんだろうなあと思いながらも、政治家とか専門家とか、そういった人たちからまちをつくる権利を取り戻し、ひとりひとりの小さな夢や想像力が珊瑚礁のように集まって、やがて未来を大きく変えることを信じて、まちを冒険する勇敢なこどもたちのために、43個の作戦をつくりました。

今回こんな一風変わった企画を思いつくきっかけを与えてくれた建築家の北山恒さん、塚本由晴さん、貝島桃代さんをはじめ、東京オペラシティ関係者のみなさん、そのタッチ

と世界観にひと目惚れして強引に巻き込んでしまったイラストレーターの斉藤弥世さん、いまさら説明するまでもなく活躍中で、素晴らしい舵取りをしてくれたアートディレクターの有山達也さん、岩渕恵子さん、そしてそういう個性的なチームを献身的にまとめてくれた彰国社の神中智子さんに、心から感謝と尊敬の念をおくります。

ぼくがいまいる場所は、こどももおばあちゃんも明るく無防備で、あけっ放しの縁側に腰を下ろしてうたた寝をしたり、財布ももたずに歩き回ったり、橋の上から釣り糸を垂らしたりしています。緑が濃くて、いたるところにねこや蝶や家守《やも》りがいて、日焼けした高校生は夕暮れの浜辺でなにやら楽しそうに噂話をしています。家は古く傷んだものが多いし、服だってみな着の身着のままのような感じだけれど、誰もが自分の暮らす土地を愛し、誇りに思っていて、人と自然とまちが荒々しく大らかに共存しています。初めてなのに懐かしく、同時に未来も感じさせる風景。東京もこれから先、人や動くお金やたてものが減っていくなかで、いつかこんなふうになればいいな、と心から思います。それはもちろんぼくたちひとりひとりにかかっているし、不可能ではないと信じています。

２０１2年晩春　石垣島にて

三浦丈典

略歴

三浦文典（みうら・たけのり）／建築家

1974年、東京都生まれ。設計事務所スターパイロッツ代表。日本各地の公共施設計画やまちづくり、民間支援に携わる。著書＝『起こらなかった世界についての物語』（彰国社、2010年）、『建築をつくることは未来をつくることである』（共著、TOTO出版、2007年）、『オルタナティブ・モダン』（共著、TNプローブ、2005年）ほか。

斉藤弥世（さいとう・みよ）／イラストレーター

1983年、静岡県生まれ。2006年、静岡文化芸術大学デザイン学部卒業。大学の卒業制作での絵本制作をきっかけに、イラストレーターをめざす。現在まで、挿し絵などの仕事を行う。

こっそりごっそりまちをかえよう。

2012年 7月10日　第1版 発　行
2023年 10月10日　第1版 第6刷

文　三浦文典
絵　斉藤弥世
発行者　下出雅徳
発行所　株式会社　彰国社

著作権者との協定により検印省略

自然科学書協会会員
工学書協会会員

Printed in Japan

162-0067　東京都新宿区富久町8-21
電話　03-3359-3231（大代表）
振替口座　00160-2-173401

印刷：三美印刷　製本：ブロケード

ISBN 978-4-395-02965-5　C3052　https://www.shokokusha.co.jp